青少年成长教练

廖皓璇 —— 著

宁波出版社

图书在版编目（CIP）数据

青少年成长教练/廖皓璇著. -- 宁波：宁波出版社，2023.5（2025.6重印）
ISBN 978-7-5526-4881-2

Ⅰ.①青… Ⅱ.①廖… Ⅲ.①青少年教育 Ⅳ.
①G775

中国国家版本馆 CIP 数据核字（2023）第 025773 号

青少年成长教练
QINGSHAONIAN CHENGZHANG JIAOLIAN

廖皓璇　著

出版发行	宁波出版社
	（宁波市甬江大道1号宁波书城8号楼6楼　315040）
责任编辑	刘思雨　陈　静
责任校对	谢路漫
营销编辑	高一君
印　　刷	宁波白云印刷有限公司
开　　本	880mm×1230mm　1/32
印　　张	9.875
字　　数	195千
版　　次	2023年5月第1版
印　　次	2025年6月第3次印刷
标准书号	ISBN 978-7-5526-4881-2
定　　价	58.00元

如发现缺页或倒装，影响阅读，请与出版社或印刷厂联系调换
电话：0574-87248279（出版社）
　　　0574-87328764（印刷厂）

序 一

/ 吴文君

一个好消息：小船老师出书了！

小船老师——廖皓璇，是 2012 年来到我课堂的，一转眼已经十年。这十年里，我们见证了彼此的成长，亦师亦友的紧密连接，在生命深处，是彼此懂得和珍惜。

小船老师与她的女儿一起来我的青少年动力营，女儿学习，她做助教。坐在一起的母女俩，更像是惺惺相惜的姐妹。曾经的小船老师，在生活与课堂里，总有一双神游太空般迷蒙的眼睛，似乎是个不谙世事爱做梦的女生。而天生属于讲台的她，只要站上讲台，她的清纯、大气、明亮甜美的嗓音，会瞬间吸引和带领学员。也许是因为她的这种非权威、非说教的自然状态，孩子们特别喜欢靠近她。她最懂青少年，也最靠近青春。

小船老师的转化能力非常强。那一年回到顺德，她就开启了自己的青少年动力营，结合自己的教练理念和技术，成为深受孩子们欢迎的青少年教练和引领孩子们的生命导师。她不需要展示权威，只用倾听和理解，带领孩子们；她不用说教，只用相信和陪伴，支持孩子们。她以青春少女的简单与诗意浪漫，活出独特的人生。

小船老师曾连续多年为教师和家长做公益培训，带领他们深入亲子之道，找到家庭生活的幸福秘诀。她一直悉心陪伴青春期孩子，积累了两千多个教练案例。她是我引以为傲的实修实战的真诚型导师。现在的她越来越成熟，如一杯越来越醇厚的茶，日渐渗透了人生百味的成熟味道。她也必将带领青少年们，更加放松、自在地面对未来的生活。

小船老师的所有工作伙伴都是我的老朋友：阳光明媚的何明慧、严谨细致的Cici……小船老师的师父——国内第二位成为MCC级教练的叶世夫老师，以他的智慧和温和成就着中国的教练行业。这个共同成长的团体——青叶藤，带着诗意和青春气息，展现着人性化教练的人文关怀，在充分安全的空间里，在非商业的分享情怀里，带领一个又一个迷失、困惑的成年人和青少年找到解脱的出口，成为勇敢的追梦人。

很多青叶藤的学员也被叶老师和小船老师推荐来到我的课堂，在叶老师传授的"师道"文化基础上，补充"亲道"的理念和生命沉淀。我早已习惯听学员坐在海君（我所在的机构）的课堂中讲述在青叶藤成长的故事。每一位青叶藤的教练导师，都是海君

序 一

"不出场"的导师朋友。这跨越时空的融合,真的非常美妙。

小船老师的这本书有着丰富的理论和实用的技巧,再加上翔实的案例实录,对于困惑于与青春期孩子沟通的父母、老师们有非常重要的指导作用。你只要照着去做就好了,不用害怕孩子们的冷漠和拒绝,因为你可以读懂他们藏在叛逆面具下真正的渴望与期待。

读着最后一章的青少年成长自述,好几个熟悉的名字吸引我一口气读完:刘枢遥、谬朱越、陈嘉琪……有赖小船老师的记录和整理,让我从另一个角度看到了这些曾经在青动营里的孩子们如钻石一般闪耀的青春故事,每一个都鲜活动人。

在这本书里,你也许可以看到自己青春的影子。你可以参照这本书,去陪伴更多的青春。我把这本书,郑重地推荐给你。

作者系国内著名心理教育专家、著名亲子婚姻类畅销书作家

序 二

/ 戴志强

小船老师请我为她的书写序，当我知道是一本有关青少年成长的书，我马上答应了。读书稿的时候我才发现，这本书还是指导如何做青少年教练的书，更是惊喜！

许多人从事幼儿和儿童教育工作，也有许多人从事成人心理咨询工作，青少年工作却是较被忽略的。我的猜测是许多人心有余而力不足，很想为青少年做点事情，却不知道该怎么做。学校里并没有这方面的专业，外面也很少有这样的培训课程，这方面的指导书籍更是少得可怜。

教练（Coaching）源于美国。这门学问在短短的四十多年的时间里被全世界接纳并运用，当然是因为其"有效果"。英文世界有关教练的书籍多不胜数，但是用中文书写的教练书籍却少得可怜，更何况是有关青少年成长教练技巧的书籍。小船老师将自己的学问、处理个案的经验整理出版，这是青少年工作者、青少年父母，甚至是教练学习者的福音。

许多父母有这样的误区：孩子都应该是一样的；每一个孩子的成长过程都应该是一样的；同样的方法对每一个孩子都应该有效；孩子就应该按照父母的理想而成长；父母的遗传因子决定孩子的性格和成就。但事实却告诉我们：没有两个孩子是一样的，每一个孩子的性格都不一样（包括双胞胎）；每一个孩子的成长过程都不一样；不同的孩子要用不同的方法；每一个孩子都有自己的人生和命运，父母只是"监护人"；遗传因子不只是父母的，还包括上几代人的，遗传因子（先天）和出生后的成长过程结合才塑造了孩子的性格。

小船老师不但告诉我们孩子们的不同，同时也告诉我们孩子们交集的共同规律。孩子在不同的阶段（0至3岁，3至6岁，6至12岁，12至16岁，16至21岁）会产生不同的身心需求，我们可以从孩子们交集的共同规律中找到一些可用的方法作为参考和尝试。青少年时期（12至21岁）是非常宝贵的，适当的引导可以激发出孩子惊人的天赋和才华。脑神经科学研究告诉我们，只要不是头脑受伤，每一个人都有无穷的潜能可以被开发。我们有理由相信，每一个青少年都是被我们低估的。

小船老师此书的特点是有理论，同时有案例，有实际可以落地的方法。这是许多书籍所欠缺的。这样的写作方式让我们很容易明白作者想要表达的意思，同时可以用书中所提供的方法在实际的生活中去尝试。这才是"写书"和"读书"的意义。但愿读者们都能从此书中汲取需要的"营养"，帮助青少年健康成长，让每一个家庭都充满幸福和喜悦！

作者系云创里德、开门者心理咨询有限公司联合创始人

序 三

/ 叶世夫

我一直认为青春期是一个人一生中生命张力最为强烈的阶段，也是影响一个人一生发展最为关键的时期，不管是心智模式的形成、自我认知的建立还是对世界关系的认知和能力的建立，都在这一阶段得以彰显。而这一阶段的孩子，一方面倾其所能寻找自己独立存在的价值与意义，另一方面又不得不直面自我认知处于迷茫时期的焦虑。他们的内心复杂而冲动，因此会在生活和学习中呈现出各种行为、生理和心理表现。每个孩子在青春期都会有其独特的行为表现和心理、生理动荡，他们需要被理解和聆听，也需要被承托与指引。但很多成年人，包括父母，却往往以自己的视角看待青春期的孩子，盲目地要求孩子，甚至对孩子的成长信号视而不见。甚至还有人称这一阶段的孩子为"叛逆期"孩子。孩子成长最需要被承托的时期，得到的却是摧毁性的打压。

孩子有两种内心模式是无法改变的。一是对父母的无条件忠诚，不管孩子行为上如何叛逆，父母眼中的孩子就是孩子自我认知的来源；二是对自我生命力独立的渴望，不管他人如何限制，孩子都会发自内心地冲破所有束缚，实现自己的独立与自由。这两个因素几乎奠定了一个人成长的方向和力量基础。正因为如此，青春期孩子需要成人世界更多的理解和支持。我们要按照他们这一阶段的发展规律和心理特征来理解、支持他们，否则便是错过了他们的最佳发展阶段。

本书是廖皓璇老师根据多年青少年成长辅导的实践经验总结出的有关青春期孩子成长规律的教练心得。书中理论和实践相结合，提供了很多她多年来辅导孩子的成功案例，可以很好地帮助父母、老师和青少年成长导师们学习如何应用教练的理念帮助青春期孩子健康成长。

我认为，教练的智慧应用在青春期孩子的辅导上有特别的效果。在教练理念里，我们把相信人本具足作为基础，相信孩子本身就具备最佳的成长智慧。相信才能看见，很多孩子的内心被打开，仅仅是被看见，便已经很不一样了。教练的智慧还强调关注人而非事情本身，也就是关注人的内心世界，相信所有的行为都是内心世界的外在呈现。内心改变，行为才能改变，行为只是孩子内心世界发出的信号而已。此外，教练运用的是启发性思考和发现，而非指令或建议，即陪伴孩子探索他们的内心世界，而不是让他们被动地接受。当父母、老师同时也是孩子的教练时,孩子会在安全而有力量支持的空间里不断努力探索,形成独特的自我,达成自我成长的目标。

多年来,廖皓璇老师在家庭教育领域和教练领域有着深度的探索和大量的辅导实践,很多家庭、青少年因为她的帮助而实现了很大的改变。这本书是实践经验的结晶,结集了一名资深亲子教练结合自己的思考和青少年心理发展理论写出来的文字,对于家长、老师和青少年辅导从业者都很有借鉴意义。

作者系 ICF(国际教练联合会)认证的 MCC 级专业教练

自 序

我的青少年教练之路

我出生于 20 世纪 70 年代广东顺德的一个美丽小镇。当时家里很贫穷,几户人家共住同一屋檐下,用木板隔出几个单间,我们一家六口就住在其中一个不到二十平方米的房间里。但我记忆中的童年却充满了快乐,我从不缺少父母的爱,精神上有着满满的富足感。

其中有一个细节让我非常难忘。我的妈妈是一名中学老师,学校每周三晚上会集中开会,开会时会给每位老师分一大勺粥作为消夜。妈妈舍不得吃,总留给我们。于是,每周三晚上我们最高兴的事情就是等妈妈回来,我们三兄妹可以分得一小碗粥作消夜,那味道我现在还记忆犹新。现在,我回想童年,能想起来的片段都是:妈妈周三带回来的消夜的味道、坐在爸爸自行车后座的感觉、远足到外婆家时一家人天马行空的聊天……我从父母身上学到的最重要的信念是我们能留给孩子最宝贵的财富不是物质上的满足,而是那份温暖、安定的气息,这份情感的连接会滋养孩子一生。

带着这样的信念,我也在自己的小家庭里成为像我妈妈那样的人。虽然我不是很能干,但我与女儿的情感连接很深,好奇和倾听她的故事成了我最大的乐趣。我陪伴她走过了复杂的青春期,如今她已经读大学了,我们仍然可以无话不谈,有时还聊天到凌晨三四点,我也成了她的知己。学习了教练技术后我才明白,这就是最好的教练状态。正如我女儿所说:"我最大的幸运,就是拥有一位教练妈妈。"而我的父母,其实就是我天生的教练!

小船老师与父母、先生、女儿

我觉得自己是幸运的、幸福的,我也希望把这种幸福传递给更多的人。从2012年开始,我跟随恩师吴文君老师全面学习家庭关系的学问,跟随叶世夫老师学习NLP教练之道。两位恩师对我的影响极大,不仅仅是在知识能力上,他们的为人之道、慈悲之心、对生命的敬重,都值得我终生学习。

小船老师(中)与叶世夫(左)、吴文君(右)

2014年,我和叶世夫、何明慧两位老师一起创办了青叶藤教练中心。当时在国内,更多的还是应用在企业中的高管教练、领导力教练,而且多以外企为主,知道教练学问的人极少。但我们总觉得,这么好的学问不应该只是小众的,而应该适用于普通家庭,使更多的人从中受益。于是,我们在青叶藤创建了家庭教练板块，我和何明慧老师共同开发了NLP教练型父母、青少年内在智慧成长营系列课程。我们一边做父母教练，一边做青少年教练。目前，我们已积累了超过两千个家庭关系教练个案。看着一位位父母由之前的负重前行变得越来越轻松自在，看着无数孩子发生的惊人蜕变，从裹足前行到全力奔跑，从别人眼中的"问题少年"变成愿意为自己的人生做主的"追梦少年"，我感到一切的努力都很值得！

青叶藤教练中心叶世夫（左上）、何明慧（左下）、
小船老师（右上）、梁丽思（右下）

2021年，我们培养了第一批家庭关系教练导师。两年时间里，他们在父母教练、青少年教练上非常用心地耕耘，用教练的方式陪

伴了一大批家庭发生了转变。我也邀请了他们在本书中记录下了陪伴青少年成长的真实个案，为广大读者提供他们的宝贵经验。

在本书的最后，我邀请了几名我陪伴过的青少年写下他们的成长经历。他们真挚的心路历程让我很受感动。

我希望广大读者可以透过本书体验到为青少年做教练的独特魅力，我希望我们的实践经验能为更多的教练及父母提供参考。我非常期待未来有更多人加入青少年教练的行列，也期待更多的父母成为孩子的人生教练！

2022 年 12 月 20 日

目录

001　缘起：爱上青春期孩子

第1章　认识我们的孩子

006　青春期孩子面临的四个挑战

013　青春期孩子的两种需求

018　青春期孩子的四种性格特点

025　父母对青春期孩子的不同影响

第2章　青少年教练的核心信念

032　成为青少年教练的关键词：相信

038　青少年教练需要具备的三种状态

第 3 章　为青少年做教练

052　确定青少年教练的议题

055　分清焦虑是谁的

059　开启教练的前提

064　做"不知道"的教练

第 4 章　让沟通成为美好的青春印记

072　沟通的六大杀手与破解密码

081　深层次聆听，读懂萌动的青春

086　听懂孩子的内在冰山

091　有效提问，轻松助力孩子成长

097　隐喻的魅力

第 5 章　帮助孩子在学习上取得突破

106　孩子学习遇到的四大困难

111　孩子不愿意上学怎么办

118　重新激发孩子的学习动力

126　帮助孩子轻松面对考试

135　帮助孩子改变学习的"坏习惯"

139　帮助孩子克服拖延

144　孩子沉迷于网络怎么办

第 6 章　孩子恋爱怎么办

152　青春期恋爱的原因

156　陪伴青春期恋爱的孩子

第 7 章　培养高情商少年

164　高情商少年的四种能力

169　面对孩子的情绪

173　帮助孩子正确处理人际关系

第 8 章　孩子没有自信怎么办

182　唤醒自信，让孩子勇敢前行

188　帮助青少年进行人生规划

第 9 章　教练个案实录

196　孩子没有学习动力

201　学习的意义

206　学习像一棵大树

211　我追星上瘾了

217　我想有个弟弟

221　我一心只想考雅思

225　爸爸,你有这么忙吗?

第 10 章　青少年教练们的案例实录

230　我相信你,虽然我永远不知道原因 / 何明慧

233　我看不到光了 / 曹　晶

239　请从阴暗中走出来吧 / 一　源

244　教练里的"看见" / 王　莹

248　追光的少年 / 刘春梅

251　好的关系胜于一切 / 小太阳

255　做一名陪伴者和守护者 / 何凯玲

259　支持孩子找到学习的动力 / 何嘉洪

263　我们一起成长 / 梁丽思

第 11 章　青少年们的成长自述

268　妈妈是我最好的教练 / 刘枢遥

271　专注与热爱 / 谬朱越

273　最长情的陪伴 / 陈嘉琪

275　沉淀下来的心灵成长力量 / 何希哲

277　遇见青叶藤 / 梁艺霖

280　教练型思维走进了我的生命 / 陈丹华

284　你是我安全的港湾 / 邱靖夏

287　追光者 / 杨　诺

291　后　记

缘起：爱上青春期孩子

我走上青少年教练之路，其实是被动的。那时我刚刚离开舒适的企业开始创业，而女儿正走进青春期，她的一些变化让我有些措手不及。于是我带着她去参加吴文君老师的青少年动力营，自己当助教。那几天和青少年的接触简直要了我的老命，第一天我带的组里的几个孩子在自我介绍环节就吵起架来，后面更是冲突不断、矛盾不断；在户外活动中总有孩子故意掉队……几天下来我病了一场，暗自说以后再也不碰青少年这块儿了。

后来我和两位好朋友创办了自己的工作室，工作室决定做青少年营，我成了被迫上任的导师。第一天，在门口看了一下那群一脸不满、漫不经心的孩子，我就想打退堂鼓。这时，叶世夫老师把我和搭档明慧老师拉到一边，让我们好好看看这些孩子，看看他们的眼睛。叶世夫老师跟我们说了一句："爱上他们，他们只是孩子。"

这句话仿佛带着魔力。当我开始尝试带着爱去看青少年时，一切都变了。我看到的是无论他们表面多"坏"，背后都有着对这个世界、对身边人、对自己的一份深深的渴望。他们用不同的方式来掩饰自己的不安与脆弱，他们用叛逆行为来"求关注"，他们有惊人的才华但又有强烈的不安，他们心怀梦想但又总是自我怀疑，他们喜欢探索新鲜事物但又容易失控。这是多么独特的群体！他们充满着激情、忧郁、叛逆与渴望，我深深地被他们吸引了。

谈到爱孩子，我想谈谈人的五大生命力：安全感、爱与被爱、价值感、独立自主、连接。这些生命力深藏在我们的生命底层，是我们的生命底色，也是我们的生命动力。它们是我们生命的燃料，让我们的生命得以燃烧、发光。这五大生命力如同不同色彩的能量石，其中有些特别亮，有些特别暗。例如一个从小被父母抛弃的孩子，也许"安全感"和"爱与被爱"能量石会特别暗，但他努力学习，让自己变得优秀，用"价值感"能量石照亮了自己的生命。再如，一个孩子从小被否定得多，内心总觉得自己不够好，那么他的"价值感"能量石会特别暗，同时他渴望与他人建立连接，想让"连接"能量石照亮自己的生命。那些暗淡，甚至无法发光的能量石是我们不能忽视的，我们终究还是要面对那些重要的生命课题。

作为一名青少年教练，我常有机会陪伴孩子去生命的底层探索。我静静地陪着他们，也陪着他们的父母，去发现他们的生命力，去探索他们的内心世界。这个过程可能比较漫长，但我深信，这些暗淡的能量石蕴含着更为巨大的能量。那是生命力的源泉，一旦发光，将势不可当。

第 1 章
认识我们的孩子

  青春期是一个非常特别的人生阶段,它是孩子生命力最为旺盛的成长阶段,同时由于孩子急速变化的身体与心理状态,给家长与学校带来极大的挑战。这一章,我们先来认识一下这个阶段的孩子。

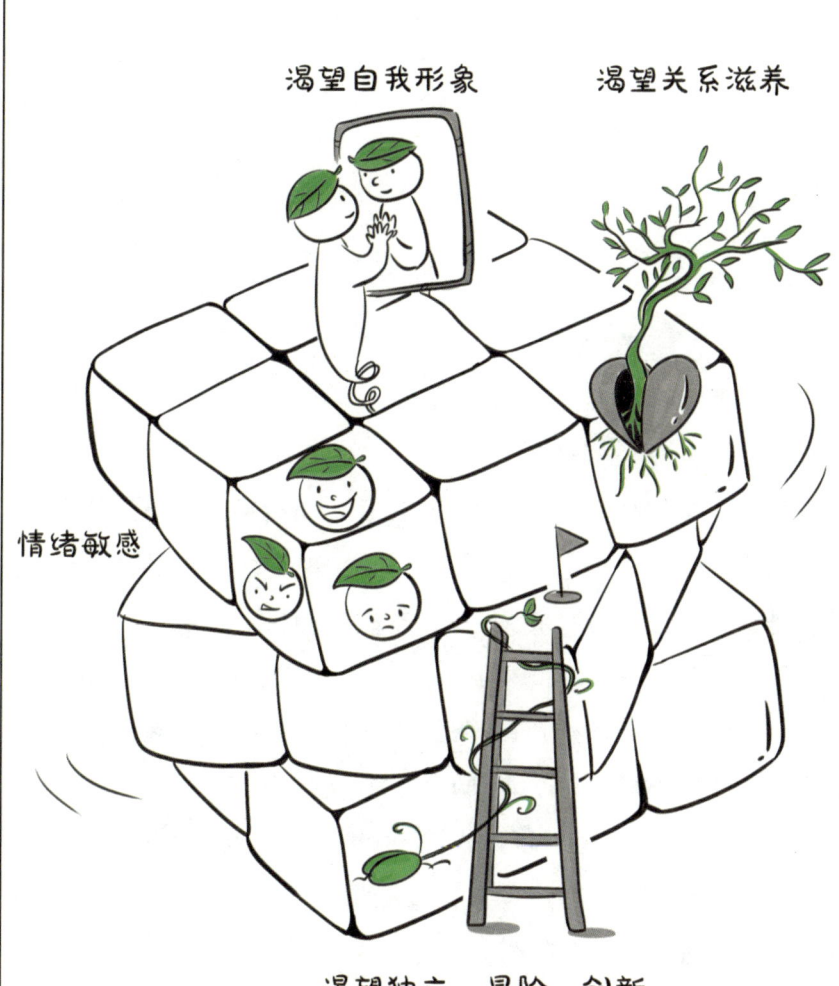

青春期孩子面临的四个挑战

青春期孩子的自我形象确认

这里的"自我形象"主要是指内在形象。青春期孩子希望自己是独特的、有个性的、活出自我的。他们在青春期阶段常常会问：我是谁？我好不好？我来到这个世界是为了什么？我怎样才能够变得独一无二？别人是怎样看待我的？我值得别人尊重和爱吗？这个时候，如果父母不允许甚至否定了他们的独特性的存在，对他们的自我形象进行打击，他们就会非常反感，也会很迷茫。例如，有些父母会对孩子说："你怎么总是如此不长进，生你可真失败！"青春期孩子在意识层面上会抗拒他人的否定，可是潜意识里却很相信父母，觉得自己是真的很不好。

如果孩子不能从父母身上得到对自我形象的肯定，他们就会去模仿他们觉得独特的人，找到身份上的认同。所以大部分青春期孩子都有自己喜欢的偶像。偶像是他们在内心深处想要模仿的人,是他重塑自我形象的动力,也是他们的一种自我陶醉。我记得我青春期时一直很喜欢一位港星,总会想象自己就是他的表妹。在一次演唱会中,这位港星突然向观众介绍我,我从观众席的后面缓缓走出,灯光打在我身上,我在众人艳羡的目光中走到台上,和这位港星一起载歌载舞。之后我就消失了,大家四处找我,后来我在我们小镇的大街上被发现了……这样的故事在我心里不断地演绎着。

其实很多青春期孩子都和当年的我一样,心中对自己的理想形象有着无限的渴望,但随之而来的却是因理想与现实之间的巨大落差而产生的失落感。这时,假如他们能够找到一个正面的偶像去追随,可能就会得到心灵上的慰藉,安全度过青春期。但如果被他们视为偶像的是一些负面或有严重性格缺陷的人,崇拜偶像的无所畏惧和耍酷,过度地痴迷、追随、模仿,那么他们很容易走上一条不归路。

作为父母,我们要在孩子小时候就同他们一起探讨他们的价值观、信念、梦想,去谈一谈未来他们想成为什么样的人,更多地关注他们未来的志向、自我发展的方向,激发他们为自己人生做主的动力与愿望。

当然,这个探讨过程应是开放的、不带评判的。假如他们的答案不是你想要的,不要急于纠正,要带着探索未知的好奇,和孩子创造有价值的对话。孩子的想法常常会变,梦想也会变,他们也会有很多想法是不合常理的。我们要记住的是,梦想即便很难实现,却可以用来点燃希望。

青春期孩子情绪敏感且强烈

青春期孩子情绪非常敏感多变。他们会突然很生气,又突然很悲伤,让人捉摸不透。这既是青春期孩子身体激素剧烈变化带来的影响,又是他们内心矛盾与冲突的体现。他们从信任、依赖父母与老师的信念和价值观,到开始需要通过质疑、反对权威而建立自己的信念和价值观。在这一过程中,他们的内心充满了冲突与矛盾,在肢体与情绪上也会有强烈的反应。

这个时期的孩子充满活力,对一切都感兴趣。我有一个青少年教练对象,每次我跟他做教练的时候,他都喜欢走来走去,只有这样他才能够充分表达自己,情绪才会得到充分的释放。所以我会跟着他一起动起来,有时会邀请他尝试安静地坐下来,有时我只是静静地欣赏这个充满情绪能力与活力的生命体。有些孩子则非常沉重,内心是翻江倒海的情绪,不断在消耗自己的内在能量。如果一个孩子过度被强烈的情绪支配,就很容易冲动、失控或自暴自弃,做出极端、有害的行为。

第1章 认识我们的孩子

> **案 例**
>
> 奇奇是一个 17 岁的男生,他总是控制不住自己要和别人打架,打完又很内疚,会打电话跟我说:"完了,这次我又糟糕了。怎么办?我怎么总是控制不住自己!"他也经常会跟妈妈吵架,吵完又对妈妈产生一份很深的内疚感。我经常接到他的电话,今天告诉我一个大好消息,明天可能又会告诉我他有多失败、多失落、多孤独。奇奇妈妈也快被他搞崩溃了,非常抓狂,常常问我这个孩子怎么了。

我翻看了自己高中时期的日记,发现曾经的我其实跟他差不多。今天觉得阳光灿烂,有一个美好的计划;第二天的日记又写道:我好失败,我什么都没有……看多了就知道,原来这就是这个年龄的孩子的情绪特点,我们不必过度担心。重要的是他们需要一个能倾听并理解他们的人,让他们有机会去充分地表达、释放情绪,从而可以更冷静地面对各种境况和挑战。

青春期孩子对关系的渴望与恐惧

青春期孩子非常在乎人际关系,特别是同伴关系。这是帮助他们建立良好的人际关系、让他们获得幸福感的重要体验。青春期孩子想要有自己的朋友圈，想要有拥有共同兴趣、能聊得来的好朋友，想要从同龄人身上获得归属感。只有找到归属感，他们的心才能安定下来。这也是社交游戏越来越火的原因。在游戏中组队、与队友有共同目标，会让孩子们产生一份在现实生活中难得的连接。孩子们在意的不是游戏本身，而是跟同学是否有共同话题，能否拥有自己的朋友圈。

同时，青春期孩子对关系又有一些恐惧。他们害怕被同伴排挤、取笑。例如，青春期孩子特别注重自己的外在形象，他们会在洗手间待很长时间照镜子，也会特别关注自己的鞋子和发型。现在大部分学校都要求学生穿校服，学生只有头和脚是露出来的，所以鞋子一定要够独特、够新潮，不然会被同学取笑。

这些都体现了青春期孩子的矛盾心理。他们既希望自己和大家一样，从中获得归属感、安全感，同时也希望自己是独特的、有个性的。对此，很多父母表示不理解。因为不被理解甚至被贴上各种标签，很多孩子会觉得成年人老土、没意思，觉得成人世界里没有可聊的有意思的话题，也因此向成年人关上了心门，不与成年人沟通。但是，如果他们过分地追求和同龄人的相同之处，拒绝和成年人交往，只和有冒险行为的同龄人交往，很容易面临风险，因为他们很难从成年人那里得到比较好的建议和引导。如果我们无法看到青春期孩子种种行为背后对关系的渴望和恐惧，我们就错失了走进他们内心世界的重要机会。

青春期孩子对独立自主的渴望

青春期孩子告别了备受束缚的童年，终于迈向了似乎拥有更多自我空间的青春期。在这个阶段，独立自主是他们内心深处最渴望获得的。这种渴望让他们充满激情，对改变持开放的态度，具有冒险的精神，焕发出自己独特的生命力，让内在的力量得到迅速的增长。

青春期孩子对独立自主的渴望体现在许多方面：他们想摆脱成年人的控制，想自己拿主意，想拥有自己独立的空间，想拥有自己选择的朋友而不是参与成年人安排的活动，想拥有一部分自己可支配的金钱买自己想要的东西，想体验自己从未体验过的新鲜事情，甚至想离家出走一次、远走高飞。

> **案 例**
>
> 明明是一名初三的男生，突然不上学了。他爸爸把他带到我身边，认为他不上进。在和明明深谈之后，我发现这个孩子非常聪明，但也很敏感。原来他觉得自己被淹没在平凡的世界里了，觉得现在的学习生活很没意思。后来我跟他谈了谈他身上的一些独特性，谈他渴望被看到和被认同的部分，我们越谈越起劲，越谈越深入。最后我问他："如何在平凡的世界里保持自己的独特性与创造

> 力呢?"他眼睛一亮,马上想到了很多办法,他很兴奋。后来他就回到学校正常上学了。

因为对独立自主的渴望,青春期孩子总是有一些让人出乎意料的举动。他们总是精力旺盛,有大量的力气用不完。有时候他们又很容易冲动,要参与一些刺激性活动。男生聚在一起就容易打架,女生间冲突也很多,冲突几乎成了青春期的主旋律之一。

这是一个爱恨交集的年龄。请放心,这些都是激发孩子活力的必经之路,也是让孩子迅速变得成熟,学习与他人沟通和对自我负责的重要机会。这个时候,父母既要相信他们,放开他们,不再用童年的标准来要求他们,同时也不能忽略他们在这个时期的安全隐患,要密切地关注他们的心理变化。青春期是一个充满挑战的阶段,对父母来说充满了考验,但也是父母重新学习和成长的大好机会。

青春期孩子的两种需求

为什么青春期孩子有那么多的情绪？他们到底想要什么？我们先来看看下面这张图。

这是林文采老师的心理营养与生命的五朵金花（五大生命力）理论（详见《心理营养：林文采博士的亲子教育课》），我把它们整理到一棵树上。如果把一个人比喻为一棵生命之树，那么在他六岁前家庭环境所给予的心理营养便是这棵树的土壤，包括安全感、重视、无条件接纳、肯定、表扬、模范。如果土壤营养丰盛，生命中的五朵金花就会齐齐盛放。这五朵金花即五大生命力，包括安全感、爱与被爱、连接、独立自主、价值感。

青春期孩子有两种强烈的需求，形成了两股成长的动力。

需求一：填补童年时期心理营养的不足

有些孩子在 0 至 6 岁时获得的心理营养不够，到青春期无法满足自己快速成长的需求，便会出现退行现象。例如，有些在父母经常吵架、自己常常被打骂的家庭长大的孩子，长大后"安全感"和"爱与被爱"这两朵金花可能没有长好，因此在初高中时期出现反常现象，害怕面对新环境、新同学，难以处理好人际关系，出现不想上学、对父母过度依赖等退行现象。在我的教练对象里，这样的例子数不胜数。

> **案 例**
>
> 佳佳小时候她父母争吵得厉害,她常常被忽略,唯有吃东西可以给她带来安慰,但她也因此变成了胖胖的女孩子,常常被人在背后议论,也经常被班上的男生取笑。因此她初高中时期非常自卑,考大学的时候一心想出国,离开熟悉的地方,离父母越远越好。但她在国外处处碰壁,特别是在情感关系上受到了很大的伤害。回国后,她变得非常脆弱与敏感,退行到两三岁的样子,一刻不能离开家,对父母十分依赖,什么都不想做,更难回到学校了。

需求二:发展出青春期所需的生命力

青春期孩子正准备步入成年,他们不仅身体在快速发育,心理上也在产生变化,他们的身体营养还有心理营养都要及时跟上。这个阶段的孩子对独立自主、价值感和连接的需求特别大,表现为渴望自己做主、不受父母管束、有自己独立的空间、证明自己有能力等。若父母不了解,仍是以对待小孩子的方式对待他们,给他们过度的照顾与管束,没给他们足够的空间,对他们的交友进行干涉,必然会引起极大的对抗。这也是父母觉得孩子"叛逆"的原因。凡是父母要求的都反感,因为他们"想要成为自己"的声音很强烈。

> **案　例**
>
> 　　在第一次教练时，恒恒告诉我他的梦想是成为一名空间设计师，把这座城市未来的房子都设计成私密性很好、很舒适、很独特的样子。他希望未来每个孩子都可以拥有一间完全按照自己的想象来布置的房间。我很好奇，问他："现在你自己的房间怎么样？"他立马显得非常生气，开始历数父母怎样随意进出他的房间、翻看他的东西，他感觉自己没有隐私可言，因此他希望有一个秘密的空间，让自己可以缓一缓。原来，他成为空间设计师的梦想源于他内心深处对独立自主的深深渴望。

　　一边要弥补童年时期心理营养的不足，一边要发展出这个年龄阶段需要的生命力，这两种需求交织在一起，在青春期集中得到彰显。青少年的内心非常矛盾、冲突，表现为一边害怕与父母分离、想要得到更多的爱，一边又想推开父母、不受管束。父母也特别焦灼，处于两难的状态，感到无所适从。如果父母认识到了青春期孩子的特点，就应该为孩子的变化感到欣慰。缺少了这个阶段的强烈挣扎，孩子就难以长出自己的坚硬羽翼，形成自己的独特性。

　　青春期是为孩子补足心理营养的第二个最佳时期。第一次在 0 至 6 岁之间，如果错过了，孩子会在青春期暴露出他们内心真正的需求。这个时候如果父母能及时补足心理营养，孩子也会因此出现转机，为成为一个心理健全的成年人做好准备。

教练的视角

1. 读懂孩子，从孩子的"负面行为"中看到他们内心真正的需求与渴望。

2. 让孩子知道，青春期矛盾心理都是正常的，只有经历了这个过程才能成为完整的自己，要学会接纳自己、爱上自己。

3. 青春期孩子的这两种需求正是两股强烈的成长动力。善用这两股动力，陪伴孩子完成青春期的成长任务，激发出他们独特的生命力。

青春期孩子的四种性格特点

每个孩子有自己的独特性。孩子一出生,很多父母都喜欢帮孩子记录下手印、脚印。这是看得见的指纹,而有一些指纹是看不见、摸不着的,包括孩子的个性、气质、天赋、与世界的连接方式等。这些都是与生俱来、独一无二的,被称为"灵性指纹"。每个孩子的灵性指纹都是唯一的。可是随着孩子慢慢长大,他们开始为了保护自我,适应爸爸妈妈、社会的需要,渐渐远离最初的自己,远离自己独特的灵性指纹。

你也许会想起自己的孩子在特别小的时候有一些与众不同的特点,或特别好动、话特别多,或特别安静,可以一个人很专注地玩很久,或想象力特别丰富。每个孩子特别小的时候个性都很鲜明,可是不知从什么时候开始,就慢慢变得跟大家差不多了。部分父母也很害怕自己的孩子太过独特。有些父母会到我们工作室来咨询,觉得孩子很慢热、做事特别拖拉、脾气很暴躁和固执。父母看到的基本上都是问题,认为孩子"不正常"。

我问过一位极度焦虑的妈妈:"你认为什么叫正常?"她说:"跟大部分人差不多,那就叫正常。"我当时感到很无奈。什么才叫跟大部分人差不多?大部分人真的都差不多吗?

每一个孩子都是独一无二的,那些我们认为的"问题""不正常",很有可能是他们独特性的外在呈现。认识了这一点,我们也许就能用更接纳、更宽广的视角来看待我们的孩子。

个人而言,我并不太喜欢对孩子的性格特点进行分类,但是为了让大家更容易理解孩子,我还是应用了一些比较常见的分类方法,让大家看看孩子不同的性格特点。

目前,心理学对人的性格特点有很多不同的分类方法,林文采老师在《心理营养:林文采博士的亲子教育课》中将孩子以四种天生气质做了分类,分别是热血型、忧郁型、激进型和冷静型。

热血型

热血型孩子的情感很丰富,情绪容易外露,容易被感动。他们怀有热心肠,很想去帮助别人,个性乐观,拿得起也放得下。这类孩子很喜欢和大家一起玩,喜欢感受团体的温暖,害怕孤独。他们呈现出来的特质是温暖、乐观、人际交往能力强。

但同时,这类孩子容易改变主意,很容易受他人的影响。他们会健忘,容易忘记自己做过的事、说过的话,甚至忘记答应过别人的事情。他们答应的时候是很真诚的，可是他们忘记也是真的。所以这类孩子常常会被说丢三落四、粗线条，或者是说到做不到、随便承诺，甚至有人会认为他们爱说谎。

忧郁型

忧郁型孩子非常敏感、细腻。他们看到、听到、感受到和想到的都会比其他孩子要多。他们喜欢感受大自然，喜欢感受每个人的情绪。他们和大自然、和人的内心连接力特别强，感受力和直觉力也很强。敏感的忧郁型孩子比起用头脑思考，更相信自己的直觉。

这类孩子时常有很多感想。大家同样参与一件事情，他们完成之后，可能会写出一首诗歌、一篇美文，把当时的感受记下来，放在心里细细品味。因此，忧郁型孩子常常会悲春伤秋。诗人、艺术家往往出于忧郁型孩子。

忧郁型孩子做事很专注，只要是自己想做的事情，可以一直忘我地做下去，直到自己满意为止。同时，忧郁型孩子也倾向于完美主义，要把事情做得很完美才会拿出来给大家看。这类孩子常常会被父母认为过于多愁善感、情绪化，总是没事找事，对父母要求太高等。

激进型

激进型孩子的目标感很强,他们的优点和缺点往往都跟目标感有关。当他们确定一个目标后,他们会全力以赴去完成。有些父母特别喜欢这类孩子,因为他们喜欢在学习上竞争,拿到好成绩。

激进型孩子的自主意识很强,很有主见,不容易受到他人的影响。因为有很强的自主性,他们特别讨厌别人,尤其是父母的控制,对控制与安排表现出强烈的反抗。

有一次我们工作室来了一个比较典型的激进型孩子。他一来就指责他的爸爸妈妈,说他们怎么控制他,对他们有很多抱怨。跟他聊完之后,我请他的爸爸妈妈进来,而他的爸爸妈妈又是非常典型的激进型父母,他们也想改变孩子。最后三个人吵得不可开交,互不相让。

激进型孩子的激进像一把双刃剑,在带来激情与活力的同时,也容易引起冲突。这类孩子是最容易受到指责的孩子。

冷静型

冷静型孩子比较谨慎,只做有把握的事情,不会冒失、冒风险,也不喜欢标新立异、被过度关注。

很多父母经常问我:怎样才能让孩子自信一点,主动去参赛或表演？如果是冷静型孩子，让他们主动去参赛或表演，正是他们最讨厌的事情。这类孩子常常被误认为不苟言笑、不积极、不自信，其实是冤枉他们了。

如果我们不把冷静型孩子的特点看作缺点，冷静型孩子的优势就会突显出来。例如，他们的情绪比较稳定，喜欢思考，专注力强，思维缜密，容易找到事物间的逻辑关系与规律性；他们比其他类型的孩子多了一份安全意识，考虑风险，做事稳妥，会让群体感到安全。

四种性格特点在青春期的激化

每一类孩子都有自己独特的性格特点，每一种个性都有其优势和局限性，没有哪一种性格更好、哪一种更差。通常，一个孩子会同时具备上面提到的四种天生气质，只是某一种气质比较突出，其他气质相对不那么显眼。在青春期，因为要活出自己、获得独立自主，这四种性格特点也会被激化。

热血型孩子可能会过度关注人际关系，喜欢通过满足他人来得到自我认同。他们会因为热心肠而变得忙碌，在时间分配上常常会陷入混乱，也容易主次不分。对他们来说，最大的挑战是学会聚焦。父母要理解与欣赏他们的热情，尝试帮助他们找回专注的心流状态，帮助他们思考如何找回自己学习与生活的重心，明白什么对自己来说是最重要的、如何做到断舍离、如何合理分配时间。

忧郁型孩子在青春期需要很多关注，因为他们情感丰富，又不喜欢表达，当遇到压力、受到挑战、产生冲突时，往往更加容易自我攻击，严重的时候可能会有抑郁倾向。这时，父母需要更理解他们，要有足够的耐心让他们进行情感的表达，做他们的聆听者，让他们通过说出来、写下来等方式，让情绪有个安全的出口，减少情绪上的自我攻击。忧郁型孩子需要别人看到他们的独特才华。他们往往具有艺术天赋、直觉力较强。运用好他们的这些特点，帮助他们找到合适的职业方向，让他们对未来充满希望，保护他们的梦想，对忧郁型孩子尤为重要。

激进型孩子在青春期会更激进，他们强烈的自我意识会更彰显，再加上青春期情绪化特点，他们会更容易与权威产生冲突。例如，为了摆脱强势的父母的控制、为了对抗老师的批评，他们会更容易做出过激的行为，甚至会做出极端行为，给自己或他人带来危险与伤害。因此，对于激进型孩子的父母来说，最重要的是调节自己的情绪，让自己能更平静地与之沟通，也要学会放手，因为激进型孩子最讨厌被要求、被控制。除此之外，父母可以运用好孩子自主意识强的特点，和他们一起探索自己真正想要的是什么、可以怎样达到目标、要克服哪些障碍等。激进型孩子也更容易受挫。这时，父母千万不要说"当初我说的你不听，你看，现在是什么结果！"这类话，而是要陪在他们身边，如同安抚一只受伤的小狮子，感受他们的脆弱，给他们时间舔舐自己的伤口，让他们慢慢平静下来，同时和他们一起探讨失败的原因。这样，孩子才能在失败中有所学习和成长。

冷静型孩子到了青春期，因为面临越来越沉重的学习任务、越来越复杂的人际关系、越来越快节奏的生活环境，他们可能会因难以适应而倍感压力，需要一个安静的空间。很多冷静型孩子会因压力过大而选择逃避。若父母不理解他们，觉得他们难以沟通，他们就会更加感到不知所措。父母要尊重冷静型孩子的性格特点，尽量满足他们对空间的需求，在情感表达、人际沟通等方面降低对他们的要求。父母也可以帮助冷静型孩子找到兴趣所在，让他们在兴趣中找到自己的成长动力。

对于不同性格特点的青春期孩子来说，如果父母能够了解他们的个性，不强迫他们做出改变，而是好奇并且欣赏他们的个性，允许他们活出真正的自己，在个性特点上发展自己，孩子就会变得更幸福、自信。

父母对青春期孩子的不同影响

心理营养最重要的给予者是父母,而父亲和母亲给予孩子的心理营养是不一样的。

母亲对青春期孩子的影响

母亲给孩子的主要是安全感和爱。0 到 3 岁是母亲和孩子的共生期。在这个阶段,孩子分不清妈妈和自己之间的区别,以为两者是一体。这个时候如果母亲情绪稳定,就会给家庭带来非常大的安全感,孩子就会觉得自己是安稳、安定的,不会患得患失,也不容易感到焦虑和恐惧。如果母亲足够温暖,与孩子有很多身体接触,眼神里时常流露出爱,孩子就会感受到自己是被爱着的,内在的温柔也会被唤醒,会变得容易与人沟通、善解人意,懂得爱别人,也乐于接受别人的爱。这些对于孩子未来的人际关系,尤其是亲密关系,有着重要的影响。

到了青春期，孩子的情绪特别丰富，反复无常，时常会面临很多冲突。这个时候，孩子特别需要一个港湾来接纳他们，接纳他们的情绪，让他们安定下来。母亲的作用非常大。这个时候，母亲需要做到的仍然是温暖和安定，放下自己的焦虑，不要成为啰唆的母亲，用平静、安定、柔软化解一切矛盾。只是在生活中，很多青春期孩子的母亲都过度焦虑、过度用力，越用力越无力，好事也变成坏事。

案 例

一位妈妈因为极度忧郁找到我。她有两个儿子，大儿子已经进入青春期，小儿子还小。她跟先生的关系比较紧张。当时她觉得自己要照顾三个男人很辛苦，处于一种极度忧郁的状态。通过一次又一次的教练，她渐渐明白其实自己不需要那么用力。假如她回到女人的位置上，回到母亲的位置上，只是做自己，让自己更加安定、快乐、轻松，她就可以得到三个男人的爱。当她找回自己的温柔与温暖时，她发现这三个男人的男子汉特征全冒了出来，她真的在被三个男人照顾。

当好青春期孩子的妈妈其实很简单：回到女人的位置上，回到母亲的位置上，让自己成为水，成为家庭安定的中心。照顾好自己的情绪，让自己快乐、轻松起来，家里的爱就流动了。孩子在这样安稳的家庭里能汲取能量、调整情绪，以更稳定的状态面对复杂的青春期变化与挑战。

父亲对青春期孩子的影响

父亲对青春期孩子的重要影响一般体现在孩子 3 岁以后。父亲给孩子的心理营养是价值感与独立自信。

到了青春期，孩子需要发展自我形象，需要足够的自我价值感，渴望获得社会认同，父亲在这个时期对孩子的影响就显得尤为重要。父亲对孩子来说具有榜样作用。如果父亲本身就很独立自信，对家庭充满爱和责任感，孩子就会模仿父亲，从而越来越清楚自己在家庭和社会中的角色，拥有坚定的信念和清晰的价值观。但是如果父亲本身是混乱、没有力量的，孩子就会变得迷茫，容易在自我角色上迷失，更容易误入歧途。

另外，父亲还会影响青春期孩子的性别意识与亲密关系。对于女孩来说，父亲是她接触到的第一个男人，她会从和父亲的互动中学习怎么跟异性互动。而男孩会向父亲学习怎样做一个男人，模仿父亲与异性互动的方式，无意识地学习父亲是怎么对待母亲的。虽然很多时候男孩会认为将来不能像父亲那样，或不想成为像父亲那样的男人，可是潜意识里却不自觉地模仿父亲，慢慢成为父亲那样的男人。

青春期男生还有一个特点,就是潜意识里总想战胜父亲,以战胜父亲来证明自己的力量,证明自己长大了。有一些小时候遭受过父亲打骂、害怕父亲的孩子,还会有长大后要打赢父亲、报复父亲的念头。这个时候,如果父亲控制他、压抑他,父子的关系就会变得紧张。而一个有智慧、有力量的父亲会学会退到孩子身后,支持、鼓励他们成为自己,并且能够起到榜样作用。这样,孩子就会很安定、安心,把父亲当作自己身后的大树,甚至把父亲当作真正的朋友,发展出自己作为男人的力量。

教练的视角

1. 青春期是生命力彰显的阶段,我们需要认识这个时期孩子的特点,需要从孩子的"负面行为"中看到孩子内心真正的需求与渴望,并让孩子知道,他们并没有错,他们需要经历青春期这个过程才能成为完整的自己。

2. 青春期孩子表面上想要推开父母,潜意识里却更需要父母。他们需要父母的帮助才能更好地度过青春期。

第 2 章
青少年教练的核心信念

作为一名青少年教练,我一直在思考为何给青少年做教练会有效。后来我发现,最根本的原因是教练所抱持的信念,即不把孩子的问题当作问题,反而还把它们当作他们成长的资源。

成为青少年教练的关键词：相信

成为青少年教练有一个关键词，就是"相信"。有些家长可能会说：孩子总是说到做不到，要怎么相信？孩子总是说谎，怎么能相信？我们先来看一看这里所说的"相信"指的是什么。青少年教练有三条核心信念：

1. 相信每个孩子都希望且有能力成为更好的自己。
2. 相信每个孩子都有独特的天赋与个性。
3. 相信每个孩子都有自己的成长节奏。

相信每个孩子都希望且有能力成为更好的自己

在以上三条信念里，这条信念是最重要的。当我们真正相信每个孩子都想成为更好的自己的时候，我们就会发现，孩子自身有着许多资源，是本自具足的。我们只需要协助他们利用这些资源，让他们成为自己想要成为的人就行了。

第 2 章 青少年教练的核心信念

想想孩子小时候是怎么学走路的。我们并没有教他们怎么走，而是他们本身就有强烈的渴望，想迈开脚步，像大人一样独立行走。他们一次次模仿，一次次迈步，一次次跌倒，一次次站起来。当时我们不会责怪他们学得慢，也不会责怪他们跌倒，而是为他们的每一次站立、每一次迈步而鼓掌。孩子有了非常大的信心，终于有一天，他们因为一次次的努力而成功了，也因为自己的成功获得了极大的自信。

孩子就是这样学习和成长的，是他们自己的内驱力在推动他们学习，获得技能，最终成为自己喜欢的样子。这些年我带过很多青少年，我发现无一例外的是每个孩子都渴望身边的人认同他们、对他们有信心。特别是那些被认为"有问题"的孩子，对他人认同的渴望更为强烈。

案　例

在一次夏令营里，一个小男生特别捣蛋，上课不专心，专门做一些小武器来吓唬同学。我们并没有把他看作问题孩子，而是把他看作一个很想得到很多人认同、想引起他人关注的孩子。我们并没有很在意他的一些行为，例如当他离开小组到外面去玩的时候，我们只是允许他、看着他，当他回来时我们就欢迎他。就这样，他在夏令营里很放松地过了几天。终于到了第五天，我们在做一个

> 帮助孩子建立自信心的练习"天龙八部"的时候,他要求加入我们。他对我们说:"你们只需要跟我说一句'你是好的'!"他很希望别人对他说"你是好的"。当他完成了"天龙八部"之后,他非常满足。我没因此放过他,我对他说:"现在我想邀请你说出这样一句话,摸着自己的胸脯大声说出来,这句话就是'我是好的'。"小男生一开始很难说出口,憋红了脸。当他终于在我们的鼓励下大声喊出"我是好的"的时候,他突然泪流满面,在场的人都非常感动。

有一句话说得很好:当孩子越不可爱的时候,就是越需要爱的时候。当我们真正相信一个孩子是好的,并且有能力变好的时候,孩子就会生发出一种内驱力,一种自动自主的、努力向上的力量。这种力量非常巨大。相反,如果我们不相信孩子,就会用力过度想帮孩子,总想自己拉着孩子往前走。这样一来,我们不但会非常焦虑,而且会引发亲子冲突,孩子也找不到自己的力量。

相信每个孩子都有独特的天赋与个性

每个孩子都有自己独特的天赋和个性,我们不必刻意地改变他们,而是要完全尊重和跟随他们的天赋和个性,让他们富有生命力地成长。否则我们会生出各种比较和失望,最终导致亲子关系恶化,让孩子感到无力。

案 例

有一位妈妈向我求助,说她的女儿有很严重的心理问题,她很喜欢拔自己的头发,头发几乎都被拔光了。这位妈妈用了各种办法,甚至带她去过医院,都没有用,情况甚至越来越糟糕。在第一次与孩子聊天的时候,我发现她的内心充满了恐惧。她蜷缩在一角,怕见生人。后来我发现她很喜欢猫,甚至养了很多流浪猫。于是我就和她聊起各种关于猫的话题,没想到她的话匣子一打开就收不住了,聊了整整两个小时。第二次聊天,她继续谈她的猫。第三次她对我说:"老师,这次我想谈谈男生。"于是,一个个话题从此展开。有一次,她说一定要送一份礼物给我。原来是一幅她画的笔雕画,画上是一只坐在钢琴上的黑色的猫,非常精美。我发现了她在画画上的天赋,于是鼓励她在自己的天赋上去发展自己,她变得越来越开朗。我陪伴了她几个月的时间。在整个教练过程中,我从来没有提过她的头发,也没有提过她的那份恐惧。可是后来奇迹发生了,她的头发长回来了,她不再拔头发,人际关系变得越来越好,她也越来越自信,还考上了自己理想的专业。

当我们发现了孩子的天赋和才华,发现了他们的个性,并且遵循它们的时候,他们就会生发出很强的生命力。

相信每个孩子都有自己的成长节奏

就像不同的植物都有自己的生长期,同一种植物在不同的地方和气候下有不同的花期,每个孩子也都有自己的成长节奏。对于万事万物,我们能理解这一规律,但一旦回到自己孩子身上,我们总会不自觉地因为比较而倍感焦急,反而让孩子乱了节奏。如果我们向长远看,以一生来衡量孩子的成长,而不只是停留在他们短暂的行为表现里,我们就会看到孩子目前所遇到的问题只是成长过程中的一道坎。他们改变的时间点还没到,这些问题甚至可以看作他们必须经历的成长挑战。

案 例

洋洋是一个和我女儿一起长大的男孩,他妈妈对他百般无奈。洋洋妈妈喜欢将洋洋与我女儿作比较。她觉得我女儿很懂事,可是洋洋对学习无所谓,喜欢玩游戏,在学校常常因为打架而被劝退。洋洋12岁那年来到我们的青少年营。他很喜欢调皮捣蛋,妈妈想了很多办法,给他换了很多学校,也没办法激发他的学习动力。可是

第 2 章 青少年教练的核心信念

> 神奇的是，一到高中，他整个人突然不一样了，学习非常用心，变得成熟且沉稳，还争取做物理课代表。16岁那年他再次来到我们的青少年营，完全变了一个人似的，要求做组长，还煮饭给大家吃，对所有人都很照顾，非常有责任心。我对洋洋妈妈说："你看，他终于开窍了！"

有一句话我很喜欢："除非被邀请，否则不要打扰。"让孩子拥有自己的成长节奏，他们会在某一天找到自己的发力点。这个时候，成长的速度是惊人的。如果我们不相信孩子有自己的成长节奏，我们就会一再干预，用我们的标准要求他们，我们就会一再错过他们自己的成长时机，越急越慢。

前面提到的三个相信并不是指相信孩子说的某句话或某个行为，而是洞穿语言和行为，看到孩子所谓负面行为背后的真正需求，从本质上去相信和接受孩子。相信他们的生命动力，相信他们的内驱力，相信他们本身已经具备了所有成功所需的资源，相信他们拥有成功的希望，哪怕只有一点点光，也要相信这点光会让他们燃烧起来。让孩子来到这个世界上，能够真正成为自己，真正发挥自己本身具备的潜能。

青少年教练需要具备的三种状态

青少年教练需要具备以下三种状态：
1. 始终好奇而非评判。
2. 关注未来而非问题。
3. 创造开放且具有接纳性的空间。

始终好奇而非评判

不去评判，只是好奇，这是打开孩子心门最关键的钥匙。人的内心世界非常丰富，但表达出来的只是很小的一部分。如果我们带着自己的评判去听，能得到的真实信息就少之又少，甚至会扭曲其意。但如果我们在沟通的时候先放下评判，只是对眼前的人充满好奇，带着"我不知道，但你知道"的想法去了解对方，对方就会向你展示他真实的内心世界。

每个孩子出现的问题背后都有需求，也许是期待得到爱和理

解，也许是希望证明自己有能力等。一旦我们给他们贴上标签，需求就变成问题，例如"懒惰""不懂感恩""说谎"。当孩子的行为被贴上标签，我们就失去了对孩子感到好奇的机会，失去了更深入了解孩子的机会。孩子究竟发生什么了？孩子的感受是怎样的？孩子内心有什么想法？有什么样的期待？只有充满好奇，我们才会打开一个全新的空间，了解关于孩子更深入、更全面的信息。

> **案　例**
>
> 　　我有一名学员，她的孩子叫杰杰，6岁。冬天的一个早上，杰杰起床之后闹着不想上学，一定要穿他的灰色短

> 裤。妈妈劝他说穿其他裤子也很好看，他不听。于是妈妈开始跟他讲道理，这么冷的天气穿短裤会着凉，他更是不听。说了半天，孩子还哭了起来。往常妈妈一定会发火，会直接说："你不穿就光着屁股去学校！"然而那天早上，我的这名学员突然想起我说过的"好奇"，于是她决定"好奇"一下她的儿子，就问："杰杰，你为什么一定要穿那条灰色的裤子呢？"杰杰说："因为那条裤子的裤包很深。"妈妈就说："我们再找一条裤包深的裤子好不好？"杰杰不同意："不行，因为只有那条灰色裤子的裤包是有拉链的。"妈妈突然醒悟过来，就问他："你是不是想拿什么东西去学校，又不想让老师发现？"杰杰说："对，我想拿小拉车去。"妈妈恍然大悟，于是和他一起想办法，怎样不穿那条灰色短裤，也能把东西拿去学校，不让老师发现。杰杰很开心，高高兴兴地和妈妈上学去了。

如果我们对孩子有足够的好奇，当孩子出现一些反常行为的时候，我们就不会马上下判断，不会马上跟他们说："你这个孩子怎么总是这样……"也不会说："你不应该这样做，你应该……"更不会说："你这家伙无药可救了，让我很失望……"

以上这些表达都是在给孩子贴标签、下判断，很容易堵住孩子的嘴，甚至引起他们的反感。对于青春期孩子来说，尤为如此。他们最讨厌父母的不理解与冤枉。如果我们对孩子保持好奇,我们就会静下心来问他们:"你刚才做出这么反常的行为,你的感受是什么呢?""我看到你有点着急,究竟发生了什么?""能告诉我事情的经过是怎样的吗?""你最近遇到了什么样的困难?""你怎么看待你的同学和老师?"……

当我们对孩子感到好奇时,我们就会打开他们的内心世界,让他们有机会讲述事情的真相以及他们真实的内心感受,亲子关系也会因此发生很大的改变。

对于好奇,有一点十分关键,就是要区分"好奇"与俗称的"八卦"。"八卦"基于自己想知道、想了解的,更多地在事情层面刨根问底,例如:"你这么晚没回家是干什么去了?和谁在一起?你们都做些什么、聊些什么?"这样的"好奇"只会让孩子反感,他们会觉得我们要探他们的底,想窥视他们。而我们这里说的好奇有以下几个要点:

第一,好奇孩子本身,而不是发生的事。在一件事中,是什么触发了孩子的情绪?他们有什么想法?他们真正想要的是什么?这时我们的关注点在孩子本身,而不在这件事上。

第二,好奇并不基于我们自己想知道的东西,而是好奇孩子好奇的事情。也就是说,连孩子自己也想知道答案,这样的好奇可以引发孩子思考。例如:"在这段关系中,什么是你最在意的?""我看到你已经很想努力了,可是每次一旦努力就想放弃,究竟发生了什么?""奇怪了,这位同学一直都很在乎你,这次突然这样对你,有可能是什么原因?"……

第三,好奇没有预设的答案,不具备引导性和目的性,只是纯粹的好奇。

关注未来而非问题

如果我们过度地关注孩子的问题,就会让我们和孩子共同陷入一种极度焦虑的情绪中,会让孩子感觉自己很糟糕,也让我们觉得问题总是没完没了。而关注未来会给孩子带来希望,从而产生内在的动力。青春期孩子热衷于探索自己的身份感,他们会对自己的未来产生极大的好奇,这个时候正是父母陪伴他们探索的大好机会。

帮助青春期孩子寻找自己的梦想,对激发他们的生命动力非常有效。当我们开始关注孩子的未来而非问题时,也许我们可以跟孩子谈一谈:你的梦想是什么?你希望周围的人怎样看待你?你想成为什么样的人?谁是你可以学习的榜样?为了做到这些,你需要我们怎样支持你?谁可以帮到你?为了让这件事情成功,你有什么样的计划?第一步该做什么?……

当我们用这样的方式和状态和孩子交流时,我们和孩子的关注点就变了,关注点会朝向未来,孩子会变得对自我更加负责,也更加有力量。

创造开放且具有接纳性的空间

很多孩子遇到困难不敢告诉父母,有了情绪不敢在父母面前表达,宁可告诉朋友或者自己在网上找解决办法。这是因为很多孩子害怕被父母批评、指责,怕父母觉得自己不够好,所以宁可自己消化情绪,也不愿告诉父母。但在他们的成长道路上,在遇到困难的时候没有得到有效的指导,是非常危险的。

请你问自己三个问题:你是不是觉得孩子上学比不上学好?你是不是觉得学习成绩好比不好好?你是不是觉得做作业比不做作业好?

如果你对这三个问题的回答都是"是的",那我们就没资格去帮助那些不上学、成绩不好、不写作业的孩子,我们很难成为真正的青少年教练,成为真正的教练型父母。有了好坏对错之分,我们就看不到孩子的本质,看不到孩子内心真正的渴望。教练的开放与接纳程度决定了我们能陪伴孩子的深度与广度。

案 例

有一天我在坐车回家的路上,小雨给我打来电话倾诉她的一个苦恼。她是一个童年时期遭遇到过较大创伤的孩子,后来她的父母跟随一个机构学习后有了很多觉悟,但她心里总是觉得这样的变化很不真实,而且对她很不公平。因为即使父母改变了,她也已经错过了成长的最佳时期。那天她正好在帮这家机构做义工,为他们拍摄活动录像。她对我说,她觉得自己很扭曲,心里有一个声音,想毁了这段录像,甚至想毁了这个机构。同时,另一个声音又冒出来,她觉得自己太卑鄙,怎能这样辜负父母、辜负这个机构里帮助过她的人呢？两个声音在她脑袋里打架，她感觉快失控了。我一直静静地听着，然后对她说："这两种声音都是你内心的声音，它们被你自己听到了，说出来了，这很好。"这时由于高速上信号不好，电话断了。过了好一会儿她又打过来，对我说："小船老师，好神奇，刚才断线的时间，我突然平静下来了，我突然觉得我是可以有这些不同声音的。当我这样想的时候我感觉自己变得更真实了，好像有一种能量进入了我的身体，我好像不用假装了，不用假装成那个已经变好了的孩子，我可以慢慢来。"

成为孩子成长的引路人需要我们有这样的智慧：放下对孩子好坏对错的评判，允许他们内心有向阳面也有阴暗面，允许他们充分、完整地表达自己，给予他们自我整合的时间与空间，给他们提供开放且具有接纳性的空间。只有这样，我们才能更好地为青少年服务。

这里，我想进一步说说接纳。给孩子创造具有接纳性的空间意味着对孩子"无条件接纳"。这一点常常会让很多父母感到十分疑惑："这个世界上真的会有无条件接纳吗？""如果孩子做错事了，我还接纳，岂不是纵容了他们？""无条件接纳是不是就没有了底线，让他们无休止地索取？"……我们先来看看无条件接纳最初的意义。无条件接纳是在孩子 0 至 3 个月里最重要的心理营养。那时候,孩子需要完全依赖于成人生活,父母对孩子是完全接纳的:就算你什么都不会,我们依然爱你,接纳你为我们的孩子,你的存在本身就是最大的意义。当孩子接收到这个信息,他们便感受到自己的价值:我活着就是有价值的,我是爸爸妈妈的心头宝,我是重要的。这便是无条件接纳最初的意义。

后来孩子慢慢长大,遇到无数困境,受到无数指责、否定。这时,孩子自我否定的声音会比外界给予的指责大很多。孩子表面看上去是目空一切的少年,却有一颗脆弱、挣扎的心。这时,如果有人能坚定地告诉他们:"我们不需要你变好了才接受你,无论你怎么样,我们都在意你。"孩子会得到莫大的宽慰:原来我的存在本身就是有意义的,我是值得的。这跟孩子 0 至 3 个月里获得的心理营养同样重要。

那么什么是"有条件接纳"呢?对父母来说,当孩子长大了,各种比较、各种期待就来了。我们总感觉自家的孩子比不上别人家的孩子,总希望孩子可以变得越来越优秀,甚至希望他们能实现我们没有实现的梦想。这时,"有条件"就来了。父母最容易向孩子传递出来的信息是"行为结果"是"爱"的条件。如果父母只在孩子的行为层面上强调对错,做出要求,而没有关注孩子的内在感受,孩子就会产生错误的理解:"爸爸妈妈只关心我的成绩,如果成绩不好他们就不爱我了。""我做什么事情都是错的,我是他们的累赘，我是多余的。"……孩子接收到的爱就是"有条件"的。当孩子犯了错，如果父母能够坚定地告诉孩子："虽然我不赞同你的行为，但无论怎样，你都是我的孩子。"那么有条件接纳就转变为无条件接纳了。

在一次父母课堂里，我给学员做一个关于信念觉察的练习，其中有一条是写出"孩子，你不能……"。大部分父母都写下"你不能不顾自己的健康""你不能做伤害他人的事"……一名学员写下："孩子，你不能独自舐伤，记得爸爸妈妈永远都在！"这句话如此有力量，让在场的人都感动了。这就是一份承托，是无条件接纳。当孩子真正感受到父母的无条件接纳时，就会收起防卫的刺，就会真正柔软下来，去面对真实的自己。

《解码青春期》一书的作者乔希·西普曾是个"顽劣少年"，用各种极端的方式来对抗成人世界，以证明成人是不可靠的，直至他遇上了他的养父罗德尼。罗德尼在他一次次犯错后接纳他，甚至有一次他闯下了一个大祸，以为罗德尼一定会把他赶走，而罗德尼只说了一句："孩子，我们不把你看成一个难题，我们把你看成一个机会。"一如既往的坚定！这句话彻底击垮了乔希的愤世嫉俗，成为他人生的转折点。他决定去帮助更多迷惘的青少年，成了全球著名的青少年励志专家。这，就是无条件接纳的力量！

教练的视角

1. 对于青春期孩子的各种复杂"问题",教练的神奇解药是"相信"。当我们甚至比孩子自己更相信他们时,孩子便如遇黑暗中的一点光,点石成金。

2. 把每一次与青春期孩子交流的机会当作与他们一起的寻宝之旅,这样你将对眼前的孩子充满好奇,孩子也会为你打开一个未知的空间,沿途无限惊喜。

3. 每一个 NO 背后都有一个 YES,问题便是资源。当你视孩子的问题为资源,并一如既往地相信他们,你便会成为孩子成长路上的"罗德尼"。

第 3 章
为青少年做教练

当我们具备了教练的理念与状态,就可以开始为青少年做教练了。这一章会向大家介绍为青少年做教练的一些关键要点和重要提示。

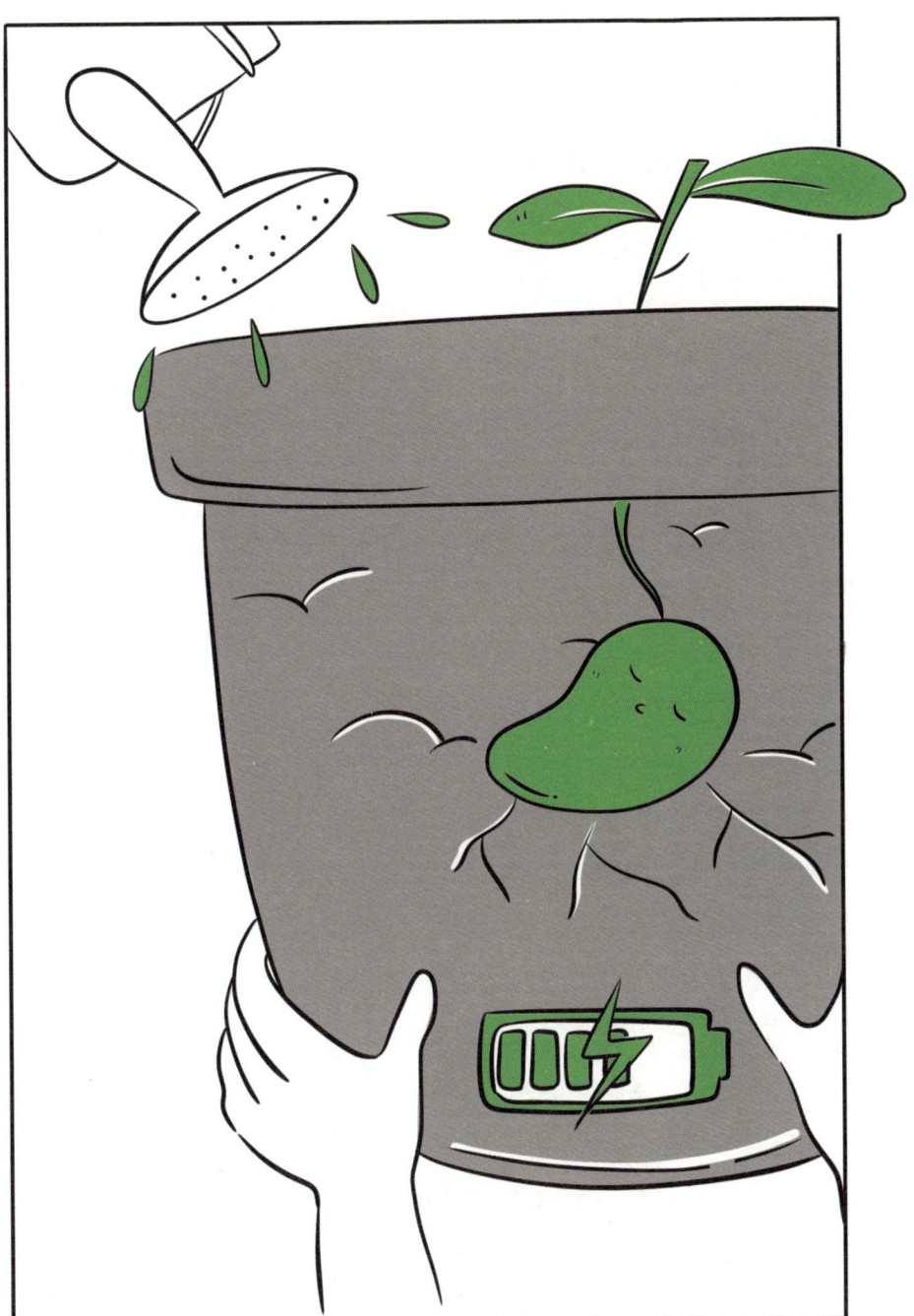

确定青少年教练的议题

在我们给青少年做教练之前,我们需要明确两件事:

1. 谁是我们真正的客户?
2. 什么是适合的教练议题?

通常,来找我们给青少年做教练的人是父母,父母希望通过我们解决孩子的问题,但实际上教练的对象又是孩子。这常常会让教练处于两难的状态,搞不清谁才是真正的客户。在教练里有一个原则:谁求助谁负责,谁接受教练谁来改变。因此,一般情况下我们的客户应该是父母本人,只有父母自己愿意改变,教练才会有效果。但如果父母坚持让我们去给孩子做教练,我们就要清楚地告诉父母,一定要孩子自己也有求助的意愿,这时我们的客户才是青少年而不是父母;如果孩子是被哄过来的,或者是被逼过来的,自己没有意愿,这样的个案我们是不能接的。

当我们确定了服务对象是青少年时,也要向父母明确,我们只能解决孩子关心的议题,陪伴孩子实现自己的目标,而不是家长关心的议题。我们来看看家长与青少年关注的议题通常有哪些。

家长与青少年关注的议题

家长角度	青少年角度
人际交往过度开放或封闭	有好朋友,受欢迎
厌学、辍学	新环境的适应
情绪化、暴躁、忧郁	学习的自信心(提高成绩)
沉迷于网络	情绪的自我调节(变得开心)
有自残、自杀倾向	探索活着的意义

从上表我们可以看到,家长关注的议题通常基于问题,而青少年关注的议题却基于成长;家长聚焦于困难,而青少年聚焦于挑战;家长关心他人的(孩子的)目标,而青少年关注自己的目标;家长关心现状,青少年关注未来。

案 例

小华是一名初二的学生,妈妈带她来时说她没有学习动力,不愿意上学。妈妈离开后,我感觉孩子的能量极低,情绪复杂。我认为不是学习动力的原因,于是悄悄对她说:"宝贝,我怎么感觉到你有一份悲伤,不知道对不对,能告诉我吗?"她看着我,眼泪落了下来。她缓缓告诉

> 我她失恋了,对方是班上成绩优异的男生,因为她感觉配不上他,所以决定跟他分开。但每天看见他的身影,她觉得太难受了,无法正常上学了。于是,我们的教练议题就是如何面对一份不能释怀的感情,怎样找回属于自己的价值。

前面提到的搞清谁是我们真正的客户,是针对专业的青少年教练而言的。而对于想成为孩子成长教练的父母,在与孩子对话时,要思考的是要解决自己关心的议题,还是帮助孩子解决他们所关心的议题;是站在自己的角度上看问题,还是站在孩子的角度看问题;是帮助孩子解决问题,还是帮助孩子通过思考来解决自己的问题。这对于我们是否能成为教练型父母是最为关键的。

分清焦虑是谁的

在孩子漫长的成长过程中,很多父母也被无尽的焦虑和担心折磨着。孩子小的时候担心孩子的身体;读书了,担心成绩不好,比不上别人;进入青春期了,又担心孩子学坏……一个充满焦虑的家长传递给孩子的也是焦虑,孩子会因此怀疑自己,变得小心翼翼,唯恐犯错误,让父母担心和失望。这样,孩子的人生就没办法尽情地伸展,生命力也难以得到充分的绽放。

> **案 例**
>
> 在一次青少年营中,我给孩子们示范如何运用感知位置平衡法处理人际关系,问现场的孩子谁有人际关系方面的困惑。这时,一名大学生跑了上来。我问他有什么困扰,他说了一句:"我担心妈妈对我的担心。"我觉得很好奇:"你担心妈妈对你的担心是什么意思呢?"于是他对我说:"很多时候,我对自己要做的事情是很有信心的,

> 我的直觉告诉我,我是可以的,但每次只要妈妈在场,她的担心就会像爪子一样,马上向我伸过来,我就像被施了魔法,手脚都软了,立刻觉得自己很没有用。"

在这个个案里,我看到孩子很努力想说服自己妈妈是为他好,想听从妈妈的建议。可是另一个声音告诉他:不,我要活出自己,我要相信自己!所以他特别挣扎。这是青少年普遍存在的矛盾心理。当自己不能满足父母的要求时,孩子就会分外自责,特别痛苦。这时候,家长的焦虑正在不自觉地影响孩子。

案 例

> 一家三口来到我们的工作室,进门的时候,我看到三个人的表情都非常凝重。我选择先跟孩子聊天,孩子对我说的第一句话是:"他们根本不相信我!"他说:"他们嘴里说相信,但眼睛总是盯着我,脸上的表情总是很紧张,我稍微出些差错,他们就会叹气,我都压抑得无法呼吸了。"我问他:"你想让我怎样帮你呢?"他说:"不用,你不需要帮助我,你只需要帮助他们,让他们放松点、开心点,他们放松了、开心了,我就会好了。"

这样的案例太多了。只要我有机会和孩子们聊天,我总能听到他们内心最强烈的声音："爸爸妈妈，请你们相信我！"前来求助的父母通常非常焦急，希望我们能马上解决问题，让孩子尽快回到正轨。但如果我们被父母的焦虑影响了，想尽快解决父母关心的问题，就会很容易被父母牵着鼻子走，失去了对孩子的中正。

> **案 例**
>
> 　　一对父母因为孩子不上学而找到我。在了解到孩子想当游戏主播的想法后，我把他推荐给了我们在游戏方面非常专业的教练QQ老师。没过几天，家长焦急又气愤地找到我，说QQ教练不接他们的个案了。于是我向QQ老师了解情况，他跟我说父母太着急了，经常不打招呼就打电话来，刚刚给了一些意见，他们没听清楚就马上行动，而且急着知道孩子什么时候才能上学。以往这样焦急且不相信教练、急着要结果的家长，孩子的教练一定会失败；能够信任并积极配合教练，且愿意自我改变的家长，孩子的教练才会有成效。QQ老师表示，一开始就注定会失败的教练，他宁可不接，教练不能被家长的焦虑牵着鼻子走。于是我把这一信息反馈给家长，家长开始调整自己的状态，放松自己、相信孩子、充分信任教练，结果个案进展得非常顺利。

同样，作为教练型父母，我们需要时刻觉察焦虑是谁的。如果是自己的，我们可能要往后退一步，不要急于帮孩子解决问题，而是先去处理自己的焦虑情绪，重新回到中正的位置。这样，我们才会有稳定的状态和能力去陪伴孩子面对问题、实现成长。

开启教练的前提

青春期孩子非常需要与他人建立连接,但同时他们也很敏感,防御心理重。如果孩子处于防御状态,就算教练能力再好,也是完全没用的。因此,青少年教练需要做好孩子的心理建设工作。

确保孩子有意愿来做教练

孩子是主动来的,教练过程才会比较顺利。我一般会确定孩子是自愿来接受帮助的,才会接这个个案。当然,很多孩子来的时候还是被动的,不知道什么是教练。如果遇到这种情况,教练要充分尊重孩子当下的状态,哪怕孩子表现出极大的抗拒,也要尊重、理解他们。

有一次,一个孩子是被父母以各种理由哄骗过来见我的,非常被动。当时,我帮助他说出自己被哄骗的感受,说出那些愤怒、厌烦、无奈的情绪。当他的情绪被表达和理解,他反而对我产生了信任感,愿意继续和我进行交流。

> **案 例**
>
> 让我印象特别深刻的是一个大男孩。他妈妈让他陪她来我这里玩,来了后发现是要找他谈话,他极度不满。我跟他聊了一会儿后问他:"如果现在你有选择的话,你会做什么?"他说:"我想马上走。"我说:"只要这是你自己的选择,你想走也可以,并且我也希望你能诚实地告诉妈妈你的感受。在这里,你是自己的主人。"他愣了一下,就起身出门了。后来妈妈跟我说:"奇怪了,他来的时候非常抗拒,在车上一句话都不跟我说,你允许他走后,他反而跟我沟通了很多他真正的想法。"

这就是孩子。只有我们真正地理解并尊重他们,沟通的大门才有可能打开。

尊重孩子的任何状态

一般孩子第一次见教练都会有戒备心,这表现在他们通过肢体语言传达出的对抗或距离感。他们可能会坐得离教练远远的,或者是身体很紧绷,眼睛不敢看教练,不肯说话。这个时候,教练不能过于热情、过分亲近,这样会让他们感觉更加不适。教练应该充分尊重他们的状态,让他们感觉放松。

> **案 例**
>
> 有一个女孩在整个教练过程中都非常封闭、紧张,甚至表现出对抗。于是我自言自语,把她的感受慢慢说出来。整个过程中,她只有点头和摇头。后来,我拿出一副塔罗牌,在征得她的同意后和她玩起牌来,过程中只需要她选牌,我用心去感受,把她可能有的感受说出来。整整一个小时只有我一个人在说话,但我非常注意我说话时的语气和声调,温和又轻松,我感受到她越来越放松。走的时候她笑了起来,眼睛发光。这次之后,这个孩子就开始愿意主动来找我了,后来跟我无所不谈,改变很大。

适应孩子的喜好与当下所需

给青少年做教练的方式有很多种。不同孩子有不同的喜好,同一个孩子在不同时候做教练的状态也很不一样。每次有孩子来到工作室,我都让他们选择自己想坐的位置,并让他们告诉我希望我坐在哪里。每个孩子都有不同的选择:有的喜欢坐沙发,有的喜欢坐地上,有的喜欢靠窗坐,有的喜欢找个黑暗的角落坐,有的喜欢在室内走来走去,有的会要求到户外走走。我们会在工作室中的不同角落设有各种玩具、卡牌、软枕、画板、乐器等,以满足不同孩子的喜好。

案 例

有一个有抽动症的男孩在学校遭遇了排挤和不公待遇。那天见他,他一直诉说自己的愤怒。我用小木头人让他排解愤怒,同时我感受到他愤怒背后的那份深深的自卑感。无意中我知道他喜欢玩抛球,当时我拿了几个球给他抛,他可以同时抛接几个球,让我们赞叹不已。于是我叫上工作室的几个同事,称他为老师,让他教我们抛球。那天下午我们没做别的,只是很认真地做他的学生。他在教学示范中越来越自信,我终于听到了他的笑声,看到了他深藏的力量。后来他妈妈跟我说,他回家后整个人都像松绑了一样,开始跟妈妈商量怎样回到学校、怎样面对老师和同学。

不拘一格的教练风格可以配合不同孩子的需要,教练甚至可以不用言语,只用安静的陪伴。

案 例

一个20岁的女孩对母亲有过度的依赖,自理能力、自我价值感不足,但似乎又有一份对独立与自由的渴望。我把她带到公园,尝试和她一起跑步。一开始我还能跟上她,但后来我体力不支,越跑越慢。我明显感觉到她为

> 我放慢了脚步,于是对她说:"老师跑不动了,你尽情地往前跑吧,我就在附近等你。"她很犹豫,不太敢动。我就和她用手机开启了实时定位,告诉她随时可以找到我,她这才撒腿往前跑。看到她离我越来越远的背影,我感受到生命的自由生长,心里暗暗叫道:"全力奔跑吧,女孩!"同时,我也从实时定位中发现,只要我一停下来,她便会停下。我知道她还需要这份安全感,需要我在不远处守候她。后来,她跑了一大圈回来找我了。我问她一路上的感受,她很兴奋,似乎这已经是她的一次很大的突破了。回程路上,我和她一起走回来。我们步调一致,什么话都没说,只是听着彼此的脚步声、呼吸声,那种同频共振的感觉,让我感受到一个长期受束缚的生命体在一点点放松、释放。这是我最特别的一次教练经历,没有语言,只有生命的律动。

做青少年教练是一次次陪伴生命之旅,我们更多的是用自己的能量状态去陪伴与唤醒孩子。在这样的过程中,我们自己的生命也在被激发着,如同重走青春路。做好这样的心理准备,我们就可以为青少年做教练了。

做"不知道"的教练

叶世夫老师在《教练的修为:一位中国 MCC 的教练之道实录》中写道:"我认为学习教练首先要学习'不知道',当我们怀着'不知道'的心态时,我们会放下自我、放下控制,对世界充满好奇。这时候我们的视角和内在能量便会聚焦在未知世界更广阔的可能性当中,奇迹就会发生。"在给青少年做教练的过程中,我深深感受到"不知道"带来的种种好处。

当我们不知道时,孩子就是个谜

每次我要见一个孩子,我心里都会想:"我不知道,但孩子知道,答案在孩子那里。"这样我就会对孩子充满极大的好奇,孩子也就成为一个我有兴趣探索的"谜"。完全放下"我以为""我认为",关注点就从"我"身上转移到孩子身上,孩子对我来说就充满了未知的可能性。这个心锚的设定会给教练过程带来更多的轻松和乐趣。孩子们变身为一个个宝藏男孩、宝藏女孩。无论孩子当下的状态是怎样的,我都相信他们的内在是发光的。

当我们不知道时,孩子就会知道

孩子常常会带着他们的困惑求助于我们。这时,我们很容易直接给出我们认为的答案,但这样做是危险的。也许孩子只是想向我们倾诉,或是向我们求证他们的答案,他们并不一定是想要我们帮忙解决问题。当我们关注答案时,就没有了解到孩子真正的需求。而当孩子习惯于依赖我们的答案,就容易停止自己的思考,无法发展出自己解决问题的思路。面对孩子的"不知道",如果我

们也同样处于"不知道"的状态,陪他们讨论问题的根源在哪里、可以从哪些角度去思考、怎样的处理方式是最有效的,孩子就会脑洞大开,慢慢习惯自己去寻找答案,从而培养出独立思考的能力,养成面对问题积极寻求解决之道的习惯,这会让他们受益终身。

当我们不知道时,孩子就会带我们走进新世界

如今的孩子处于信息丰富的社会中,他们面临的考验也众多。这和他们父母的成长环境很不一样。如果我们用我们的"已知"去衡量和理解他们的"未知",那是很痛苦的。而如果我们将自己的"已知"放在一边,让孩子来领跑,让他们带我们看看新世界,那将给我们带来全新的体验,拓宽我们的认知。

> **案 例**
>
> 有一个15岁的女孩坐下来就对我说:"我今天不是来咨询的,我是来找一个可以跟我探讨问题的人的。"于是,在她的一个个提问中,我们聊了人性本恶还是人性本善,人类发展的目标是什么,如何看待生物进化、疾病与健康的关系、前生今生存在的可能性……结束前,她问我:"从我们今天的聊天中,你收获了什么?有什么观念在改变吗?"我感觉被教练的是我。我经由一个孩子的带

> 领收获了一个更宽广的世界、一个未知的领域,我看到了新一代人不同的个性、不同的思考,也看到了自己的局限性。我收获的实在太多了。

像这样的孩子,我在教练过程中常有遇见。每一个孩子都拥有非常独特的精神世界,但他们在生活中很难找到知音,不能完全被理解,甚至被误解,非常孤独。我曾遇到一个高中男生,他讲话速度非常快,很容易激动,谈话中使用了很多抽象的概念与隐喻。教练过程中,他常常停下来等我,他告诉我:"老师,我知道你跟不上我,但你在努力跟上,这和其他人很不一样,我很感动!"

正因为我的"不知道",让我从孩子身上学习了很多网络用语,了解了新生代的视野,见识了不同的世界观与价值观。是他们丰富了我的人生,是他们让我始终保持对新鲜事物的好奇,保持一种年轻的心态。这对我来说是一份难得的财富。

做"不知道"的教练,如此奇妙。

教练的视角

1. 教练工作要帮助他人成长、面对挑战,需要对自我负责。既然我们的客户是青少年而不是家长,我们需要做的就是和青少年紧密合作,确定他们自己关心的议题,而不是解决父母的问题。

2. 为青少年做教练的总体方向是帮助青少年发挥自身的潜能，陪伴他们面对挑战，实现他们自己的成长目标。

3. 分辨出父母与孩子的焦虑，并帮助父母处理自身的焦虑，将有效帮助孩子聚焦在自己的成长上。

4. 青少年对连接的需求很强烈，花多点时间与耐心和孩子建立良好、轻松的关系，将使教练的推进事半功倍。

第 4 章
让沟通成为美好的青春印记

　　青春期孩子渴望建立良好的人际关系，渴望被理解，但由于这个阶段的孩子敏感、脆弱且较执着，在与他人沟通中会产生很多的误会。无论是青少年教练还是教练型父母，最重要的能力是与青春期孩子沟通的能力。

沟通的六大杀手与破解密码

青少年渴望连接和沟通，渴望有人能理解他们。他们尤其渴望与父母沟通，渴望得到父母的帮助。但在我的个案中，很多父母却头痛于无法和孩子沟通。孩子上初二、初三突然之间就仿佛变成了另一个人，原来非常活泼，现在回到家一句话也不说，或者父母说一句，他们就顶嘴三句。究竟发生了什么？

我们先来看看我们和孩子沟通的六大杀手是什么。

第一大杀手：没有真正理解孩子的意图

如果父母只是听到孩子说话的内容，然后做出反应，只是判断，没有真正地理解孩子的情绪、期待、渴望以及更深层次的意图，往往会造成对孩子的曲解。我们会发现，很多青春期孩子对父母最主要的抱怨就是"你们冤枉我了！"。

第二大杀手：话太多

话太多是很多父母的一个沟通习惯，总是想讲清楚、讲明白。如果孩子没按他们讲的去做，父母就会继续讲，总想通过自己的经验来教育、引导孩子。这是一种十分单一、无趣的沟通方式，让孩子一听到父母的声音，就开启屏蔽模式，左耳朵进，右耳朵出。有时候，孩子好不容易愿意向父母寻求帮助，父母就迫不及待地提供解决方法，生怕他们解决不了。孩子心里就会嘀咕：为什么我只是问你一个小小的问题，你却给出这么多、这么长的答案？我记得有一个孩子曾跟我说，她从来不问妈妈问题，否则她就没有时间玩，没有时间做自己的事情了。很多父母也因此被孩子贴上了"啰唆"的标签。

第三大杀手：事事过问，事事督促

前文我们讲过"好奇"与"八卦"的不同。很多父母的提问都属于八卦，总要刨根问底，让孩子感觉"你不信任我"。很多孩子都对我说过，本来很想做一件事，比如扫地、收拾衣服、好好学习，可如果是由父母先说出来，"你怎么不去扫地？""你怎么不去收拾衣服？""你怎么还不去复习？"，他们就会突然什么都不想干了。因为他们接收到的是信息是"你不相信我，你想要求我"。

第四大杀手：过度赞美

有些父母习惯了夸张的赞美，经常说"你很了不起""你很棒""你真优秀"。这种话说多了，孩子就会觉得这不是真的。

第五大杀手：习惯性的指责

有些父母总喜欢从负面的角度看问题，习惯性的指责容易内化成孩子的自我否定，让孩子觉得"我就这样了""反正我没救了""破罐子破摔吧"等。一个已经想放弃自己的孩子，自然不会在意爸爸妈妈说什么。

第六大杀手：目的性的交谈

很多时候父母与孩子进行沟通，其实都是想把道理告诉孩子，想教导他们。对此，有些孩子心知肚明："说那么多好听的话，又来给我下套了，下一步肯定又要谈学习了。"他们等着父母暴露自己的套路，根本不可能好好沟通。

有一个青春期孩子曾对我说："我最讨厌的事情就是和爸爸妈妈散步，因为他们每次散步走一大圈，其实就想趁机跟我讲道理，太没意思了。就不能好好散步、好好聊天吗？为什么非得兜来兜去讲同样的事情?"孩子非常敏感,他们希望与父母之间的关系简单点,让聊天回归真正的聊天,让散步回归真正的散步。

看看这六大杀手,我们有没有中其中的一两条?假如有的话,也许我们就要正视与孩子的沟通方式了。

如何真正读懂孩子的内心

那么,我们到底该如何与孩子沟通呢?实现沟通的前提是要破解孩子的各种表达背后的深层次需求和意图。青春期孩子常见的表达有以下几种。

情况一:极端负面的表达

青春期孩子有时候说话是极端负面的,比如他们会说"又要考试了,我想死的心都有"或"老师让我们的日子好难过,我一天都没法过下去了"。很多父母听到这样的话都会感到担心、焦虑,然后说服孩子,让他们不要这样想。但往往我们这样做时,孩子会觉得我们不懂他们,和我们聊天没意思,便把嘴巴闭上了。

碰到这种情况时,我们首先要做的是去感受孩子说这些话时的情绪是怎样的、他们想让我们怎样做。在我做的个案中,很多孩子在有极端负面的表达的时候,其实是想告诉我们:我只是想向你们吐吐苦水而已,你如果能听听,我就感觉被理解了。孩子只是需要有人倾听他们说话,把自己的情绪发泄完就没事了,他们可以自己解决问题。作为父母,我们先别急着找解决方案,要冷静下来好好听他们诉说,回应他们的情绪,回应他们的动机,回应这件事情本身。

下面是青春期孩子抱怨自己的老师的例子。

孩子:"老师让我们的日子好难过,我一天都不想过下去了!"

妈妈:"你看上去好累呀。"(回应了孩子的感受)

孩子:"是呀,作业好多,而且老师还占用自习课来讲大道理,发现有人在做作业就罚全班跑步,这日子怎么过?"(孩子因为妈妈读懂了他的情绪,所以开始讲述事情的经过)

妈妈:"作业没做完,又不得不听大道理,还要被罚去跑步,难怪你这么累。"(又一次回应了孩子的感受)

孩子:"嗯,是呀,太累了,不过也好,反正一天都没有运动过,也算趁机动一动了。"(孩子被共情后自己也有一些新想法)

妈妈:"你能这么想,我感到很惊讶。"(妈妈用自己的感受来回应孩子)

孩子:"反正都被罚了,总得让事情好过一点。"

妈妈:"你能从负面的事情里找到正面的意义,不错。"(妈妈

给了孩子一个正面的肯定,孩子得到了满足)

这个案例让我们看到,当我们不急着去讲道理说服孩子,或者想办法帮助孩子的时候,孩子也许会感觉到我们真的理解他们,也就愿意跟我们分享所有的开心和不开心,孩子自己的智慧就会涌现。

情况二:莫名其妙的表达

有个小男孩,成天对他的爸爸妈妈说:"我喜欢妹妹。"不久又说:"我喜欢妹妹,我喜欢妹妹。"这个时候,父母就需要用心地去聆听他的潜台词了。也许他的潜台词是担心有了妹妹,爸爸妈妈不喜欢他了。这个时候,也许父母可以这样回应他:"我听到你说喜欢妹妹,不管你喜不喜欢妹妹,爸爸妈妈都一样喜欢你。"这样,孩子也许就放心了。

还有一个小女孩抱怨说:"哥哥一直在玩手机!"家长也许会说:"没有呀,哥哥要用手机查资料。"但是如果我们用心聆听,去真正感受孩子的话,也许就可以回应她:"你是不是觉得哥哥可以用手机,你不可以,对你不公平呢?"。

很多孩子在表达自己的想法时,内心其实渴望得到一个让他们感觉放心的回应。这个时候,我们不需要去纠正他们说的话对不对、有没有道理、正不正常,而是要向他们保证我们永久不变的爱。例如,我们可以对孩子说:"你对我们很重要,你是我们最爱的宝贝,无论你考试考得好不好,我们都会一样爱你。"这样孩子就放心了。

情况三:自我确认的表达

有时孩子会说:"我不想开学,我想一直放假。"这时候,如果父母回应:"是的,我小时候也常常这样想,放假太开心了,谁想上学呢?"或者回应:"我也像你一样,我也不想上班,好想多休息一下。"孩子就会觉得原来爸爸妈妈跟自己是一样的,有厌学情绪是很正常的。

再举个例子,孩子有时会处于一种纠结、矛盾的状态。他们会说:"我又想做作业,又想玩游戏。"或者:"我有时候喜欢我的朋友,有时候又很讨厌他们。"听到这样的话,爸爸妈妈可能会说:"你麻不麻烦,怎么那么多事!"这样,孩子就会感觉不被理解。我们可以对他们说:"做人有时候真的很矛盾,我也经常感到纠结。"这样,孩子就会觉得爸爸妈妈跟他们一样。我们也可以直接回应他们:"我听到你说对朋友有两种不同的看法,你既喜欢他们,又讨厌他们,是吗?"当我们用同理心去回应孩子的时候,孩子就会发现他们的感受也是其他人在经历的一部分,他们就会得到安慰。

情况四:对表扬表现出冷漠或反感

很多父母都知道,给予孩子肯定是对孩子最大的激励。但在践行过程中,我们却发现这招不一定常常管用。很多孩子对于大人的表扬表现得冷漠,甚至反感。批评不行,表扬也不行,这是怎么回事？

其实，孩子的内心十分敏感。如果我们有目的性地表扬他们，他们一定会有所察觉。他们会认为父母是想利用表扬来改变、要求他们。而过度的赞美或过度的指责会让孩子感觉到：你们在评价我。遇到这种情况该怎么办？我们可以尝试变赞美为肯定，变批评为指导。我们不妨试试以下这三种方式。

第一，不赞美孩子的品性和人格，只肯定他们的努力和成就。例如当孩子做完家务之后，我们少说"你真是个好孩子""你真勤劳"之类的话，而是说："原来沙发上是有很多杂物的，现在没有了，地板也是亮亮的，现在家里看起来真干净！"孩子就会感觉到真正被肯定了。

案 例

有一次在工作室，有个男孩子很努力地搬一个大箱子，一群大人在旁边看到说："你看这孩子真了不起！"结果一说完，这个孩子就把箱子扔下，自己跑去玩了。当时这个孩子只是想试试自己能不能搬动这个大箱子，而大人们的过度反应让他承受不起，他感觉自己被过度评价了，就不想再试了。也许我们可以这样说："这个箱子看起来好重，要把它搬起来真的不是很容易呢。"孩子就会感觉自己的努力被看见了，而不是被评价了。

第二，只谈个人感受，而不是评价。例如一个孩子的文章写得很好，如果我们说："你的写作很优秀。"这就是一种评价。如果我们换一种说法，"读你的文章给我带来了很大的快乐"或"你的文章，我读起来很感动"，那么孩子就会感受到那是真实的情感表达。

第三，变批评为指导。例如，"你做事怎么总是那么粗心"便是一种批评。换一种说法："我看到果汁被打翻了，我们再去拿一杯，再拿一块抹布过来。"这就变成了指导。再如，孩子准备吃蛋卷的时候，我们说："小心又掉得满地都是。"这是批评。如果我们说："蛋卷吃起来会有很多碎渣，你可以拿个盘子接着吃。"这就变成了指导。

以上就是和孩子沟通的一些秘诀，希望能够帮助父母读懂孩子，让亲子互动变得更加简单、顺畅。

深层次聆听，读懂萌动的青春

有一段时间我的微信签名是"静听生命，温柔相待"。我非常喜欢这八个字。因为教练工作，我每天都有机会和不同的人交谈，听他们表达，就像在翻看一本又一本有趣而深刻的书。聆听被教练对象的故事，特别是青春期孩子的故事，经常使我深受感动。假如你也有时间、有兴趣来读读这些"书"，你会发现这些书的"作者"很了不起。

> **案 例**
>
> 　　一个被父母认为无可救药的男孩告诉我，他的梦想是成为最伟大的设计师。他说他将来要设计一个城市环保系统，非常高科技，让每一个人都可以安居乐业。我听了很激动，也很好奇地去聆听他设计的环保系统的每一个细节。他跟我讲了两个小时，两眼发光，非常激动，我也越听越兴奋。后来我跟他父母说这件事，父母的第

> 一反应是"他都是在吹牛！书都没有读好，还做什么设计师？"，这句话一下子给孩子泼了冷水，孩子马上就无精打采。没被听到、没被听懂，是孩子的一大痛苦。

那么什么是真正的聆听呢？聆听一共有三个层次。

第一个层次是带着评判去聆听，带着个人的想法、建议、判断去聆听。例如，当孩子说作业很多，可能父母自己的想法就冒出来了："怎么又来抱怨了？不想做作业，怎么能有好成绩？"或者："谁作业不多呀？你作业多，我工作也很多呀！"这个时候，我们把注意力放在了自己的感受和想法上，没有真正去聆听孩子的心声。

第二个层次是聆听孩子的情绪、感受、期待和渴望，感受孩子的言外之意。当孩子说作业很多的时候，我们可以说："我感觉到你想休息一下，对吧？"这个时候我们把关注点放在了孩子身上。他们觉得我们在关心、尝试理解他们。

第三个层次是感受孩子的能量状态和生命力。例如孩子一回家，虽然没说作业很多，但我们马上感觉到孩子今天好像跟平常不一样。我们可以说："我感觉到你背上好像有一座小山，你都喘不过气来了。"孩子也许会因为我们看到这一点觉得感动，也愿意跟我们分享更多。

案 例

我的一位好朋友向我分享了她和儿子之间的一次沟通过程。当时因为儿子说过想学球,所以妈妈帮他报了名。可是在准备出发的时候,儿子突然说:"我不想打球了。"妈妈听到这句话很生气,然后就回了他一句:"你怎么做事总是坚持不了?"孩子听到这句话之后更生气了:"都是你逼我的。"妈妈听了这句话很委屈:"我哪有逼你?打球是你自己选择的,我花了那么多心思、那么多钱在你身上,你怎么能这样对我?"我让妈妈回想当时的情景,孩子一开始为什么说不想打球了,她很努力地回想,当天孩子上课量很大,回到家很累,有可能当时只是想表达一下自己的累而已,并不是真的不想打球。可是妈妈一连串的评判、情绪加在孩子身上,孩子就被点燃了,用了极端的方式来回应。如果当时妈妈不焦急说出那句"你怎么做事总是坚持不了?",而是用第二、三层次的聆听,孩子也许会说出自己的真实想法,而不是以不欢而散来结束这次沟通。

很多家长还停留在第一层次的聆听。这也是为什么很多孩子会对我说,他们觉得爸爸妈妈不懂他们,总是冤枉他们,这是他们最大的痛苦。很多的孩子费了九牛二虎之力,内心的真正呼唤是"爸爸妈妈你们来听听我,爸爸妈妈我希望你们懂我!"。

案 例

　　一个15岁的男生琪琪有一次半夜给我打电话。我拿起电话,听到他的声音非常激动。他告诉我:"老师,我想杀死全世界的人。"我对他说:"我听到你很愤怒,你快控制不了了。"他说:"是的,我快要爆炸了!"我问他:"是什么让你这么愤怒?"接着他开始跟我诉说妈妈对他的不理解、冤枉,妈妈总没听全他的话就曲解他……当他说完之后,我突然有一种感觉,我对他说:"我不仅听到你对妈妈有一股愤怒,我好像也听到你对自己也很愤怒。"孩子愣了一下,说:"是的,我讨厌自己!我怎么就这个样子,我怎么就是做不到!"我又有一种直觉:"听上去,你好像还有一份内疚。"孩子突然平静下来,静默半天后说:"是的,老师,其实我觉得自己很不好,我对不起妈妈。"于是我安静地听他诉说,讲完之后他对我说:"老师,你是这个世界上唯一听懂我的人。"我又笑了,问他:"其实你真正希望谁能懂你呢?"他缓缓地说了一句:"我希望我妈妈懂我。"

　　那么,第二、第三层次聆听的能力是否很难掌握,需要很多的训练呢?其实不然。第二、第三层次聆听的能力是我们与生俱来的。回想一下,在什么时候我们的这种能力特别强?当孩子很小还不会说话的时候，孩子只要动一动，脸部的表情有点变化，我们就知道他们想要什么，是高兴还是不高兴。那个时候，我们非常敏感，完全能"听"懂孩子的内心需求。

那究竟是什么削弱了我们的这种能力呢？一是我们的情绪状态。当我们自己也处于愤怒、焦虑、担心、恐惧之中时，我们被情绪淹没。我们的精力只能去消化自己的情绪，根本腾不出空去聆听孩子。

二是我们对孩子的期待。我们希望改变孩子，希望他们能够更优秀。这样的期待会让我们失去对他们当下情绪、内在状态的关心，注意力仍停留在他们做得好不好、有没有达到我们的期待上。

三是我们的判断。我们太快把自己的判断和道理带进来了。在我们想用自己的观点来说服孩子的时候，也会失去聆听的能力。

那么，我们怎么样才能找回第二、第三层次聆听的能力呢？最重要的一点就是回到当下，回到此时此刻，用心和孩子在一起。每次做教练的时候，我都会用一句话提醒自己："此时此刻我在这里，只为他们在这里。"当我们和孩子沟通的时候，可以用这句话提醒自己，完全地活在当下，和孩子进行连接，与他们同频呼吸，感受他们，专注地听他们说话。这样，我们就会开启一次神秘旅行，不知道会遇到什么，对一切充满着好奇。孩子的内在世界有着独特的风景，奇妙无穷！

听懂孩子的内在冰山

有位妈妈很生气地向我抱怨她的儿子,她拿出手机,给我看了一段她和儿子之间的信息对话:

儿子:"明天帮我拿药过来。"
妈妈:"我明天要去外地,没空。"
儿子:"那爸爸呢?"
妈妈:"爸爸要照顾奶奶。"
儿子:"那我就没人照顾了。"
妈妈:"你怎么这样说话!奶奶是爸爸的妈妈,每个人的妈妈都是重要的。"
儿子:"我听懂了,妈妈比儿子重要。"
妈妈:"你怎么这么不懂事?你懂得尊重长辈吗?你有关心过奶奶吗?你有理解过我们吗?"
儿子:"我不想跟你说话了,我病死算了。"

第 4 章 让沟通成为美好的青春印记

孩子妈妈对我说："这个孩子太不懂事了！你看他这样跟长辈说话，完全就不能体会我们为他付出的一切，太不尊重人了，他学坏了！"听到这里，我向这位妈妈分享了一个工具，就是我们熟悉的萨提亚的冰山模型。

萨提亚的冰山模型有几个层面。漂在水面的冰山层是我们常常看到的孩子的行为，听到的他们说的话。而在行为的下面，藏着十分庞大的一部分，如同藏在水下的冰山，这一部分我们看不到也听不到，却是真实存在的。其中包括孩子的感受（喜怒哀乐等）、观点（"我认为事情应该……"等）、期待（"我希望爸妈…… 对我""我希望自己能……"等），更深的部分是渴望（渴望成功和快乐、渴望被爱、渴望独立自主等），而在冰山最底层的是关于自我、我是谁的部分（"我是……""我的精神追求是……"等）。我们来看看前文案例中小男孩的内在冰山是怎样的。

孩子表面上赌气说了一些气人的话，但实际上孩子当时的感受是失望，也有不满、愤怒和委屈。他的观点可能是"我没有人照顾，我并不重要、你听不懂我"。他可能期待父母关注他的感受，有人给他送药，帮他解决问题。他的内心非常渴望被重视、被爱。而在最底层的自我层面可能还有一个声音："我不被爱，我是一个没有人爱的孩子。"

当我和孩子的妈妈分享完冰山模型，分享完孩子有可能出现的这些内在感受、内在观点、内在期待和渴望后，妈妈恍然大悟。她说："原来我跟他完全不在同一个频道，我误解他了！"在沟通时，妈妈也有情绪，妈妈的情绪被激发的时候，她是根本没办法去聆听孩子的内在感受的。我们所说的第二层次、第三层次的聆听就是冰山式聆听。

第 4 章 让沟通成为美好的青春印记

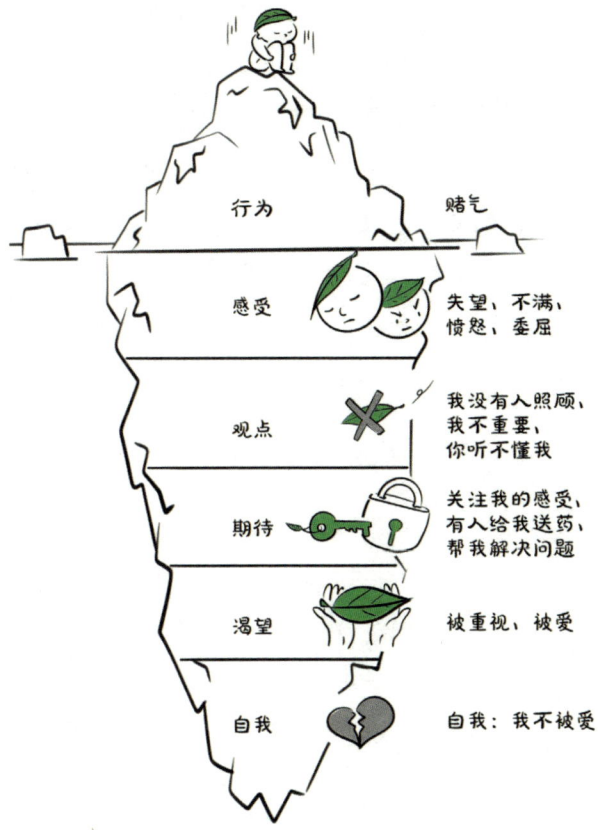

案 例

　　一个青春期男生之前有非常多的问题,我给他做了一段时间的教练后他改变非常大,从休学状态回到学校了。第一次月考,他居然考到了全班前十名。妈妈还有

> 学校的老师都非常高兴,觉得这个孩子终于"改邪归正"了,这么快就进入了前十名,这是多么让人振奋的消息!可是好景不长,在第二次月考之前,孩子向所有人宣布:"我这次月考要全部交白卷!"这一举动让妈妈、所有老师都非常生气、失望。妈妈让我继续给他做教练。当时看着漫不经心的他,我就问了他一句话:"你在害怕什么?"这个男生愣了一下,沉思了好长时间终于说话了:"老师,我确实很害怕,我怕什么呢?我怕你们都以为我真的变好了,可是我做不到。我怕我第一次月考的成绩是凭运气,并不是我真实的成绩。我怕我第二次月考考不到那么好,让你们失望。"

有时候,孩子表面的恶作剧和不可理喻的行为背后是害怕、担心、恐惧,甚至是对自我的否定。当我们能清楚听到这部分内容的时候,孩子才会平静地与我们交流自己的真实想法,我们才可以继续跟他们探讨这份害怕的背后究竟是什么,有什么局限性信念在影响他们,我们该如何让他们减少这份担心,建立真正的自信。

有效提问，轻松助力孩子成长

教练的最终目标是激发孩子的潜能，达成他们生命成长的目标。作为青少年教练，除了聆听外，有效提问是第二项重要的能力。当我们习惯性地给孩子建议，用我们自己的力量带动孩子时，孩子会被动地接受我们传达的信息，与自己的内在智慧渐行渐远；而当我们学会有效提问时，我们能更真实地了解孩子的想法，并让孩子学会表达，激发他们思考，帮助他们找到自己内心的答案，更直接地与自己的内在智慧建立连接，找到前行的动力。

要做到有效提问，需要注意几个要点：第一，多问开放性问题，少问封闭性问题；第二，多问是什么，少问为什么；第三，不说反问句；第四，多问拓展性问题；第五，多问未来导向的问题；第六，多问积极性问题。具体要怎样做呢？

多问开放性问题，少问封闭性问题

封闭性问题（"是不是？""好不好？"）的答案往往只有"是"或"不是"，"好"或"不好"。这样的问题会限制孩子的思考空间，而开放性问题会给孩子提供更大的思考空间。

假如你是青春期孩子，听到我说下面这些话，你会有怎样的感受？"上周我们谈过要准时睡觉，但这周你还是晚睡了，你是不是在玩手机？"这样的提问是质问、挑战，没留给孩子任何的回答空间。

假如我们把它变成一个开放性问题，又会如何？"上周我们谈过要准时睡觉，但这周你还是晚睡了，是什么让你难以睡觉？是什么妨碍了你？我们的约定出了什么问题？"这样的提问不会带有评判感，也许会帮助孩子展开更多的表达，让我们看到他们真正的想法。

再如，假如你这样问孩子："你最近常常晚回家，作业也很晚才完成，你知不知道这样的习惯会影响到你的未来？"孩子听到这些话会是什么感觉？假如换一种问法："你最近常常晚回家，作业也很晚才完成，发生了什么？"也许孩子就会感觉到你更尊重他们。

多问是什么，少问为什么

当我们问为什么的时候，指向是让孩子努力找原因，也容易让孩子编一些理由；而是什么更倾向于描述，更接近事实。此外，问为什么容易给孩子质疑的感觉，改成是什么，会更客观、中正一点。

我们听一听下面的这个问题，看看给你什么感觉。"这次你的考试成绩退步了，到现在你都没有采取任何行动，为什么呢？"孩子听到这个问题，很容易感觉我们在质疑他们。我们换一种问法："这次你考试成绩退步了，到现在你都没有采取任何行动，你的困惑是什么？你遇到了什么困难？你有什么想法？"这样，孩子会不会觉得我们更尊重他们，给了他们更大的表达空间呢？

还有一个很多父母经常问的问题："为什么你总是爱玩手机？"通常孩子一听到这个问题，就会非常愤怒。一是因为我们问了"为什么"，二是我们加上了一个"总"字。孩子会觉得我们以偏概全，有一种强烈的被否定的感觉。也许我们可以这样问："手机带给你的是什么呢？""你现在玩的是什么样的游戏？可以跟爸爸妈妈描述一下吗？""这个游戏有什么吸引你的地方吗？"只是单纯的好奇，也许这样我们就会开始走进孩子的内心，对他们的世界有更多的了解。

不说反问句

反问句给人一种很强烈的质疑感,不算问句,只是一个被包装过的陈述句、包装过的建议。比如这两句:"难道你不知道你这样做爸爸妈妈很担心吗?""难道你不知道你这样做会伤害自己吗?"如果我们要表达某种想法,可以直接说:"你这样做,爸爸妈妈会很担心的。""你这样做会伤害你自己的。"这样说也许会更好。

多问拓展性问题

拓展性问题可以帮助孩子打破局限性思维,拓宽思维空间和想象力,让他们看到更宽广的世界。例如我们可以这样问:"除了这样做,还有什么其他更好的处理方法?""你从这件事情上学到了什么?""如果这件事情再来一次,你会怎样面对?"这样的提问会推动孩子进行更多的思考,对自我更加负责,更积极主动地去创造新的可能性。

多问未来导向的问题

未来导向的问题包含:"你期待结果会有什么不同?""在这件事情上,你真正想要的是什么?""什么样的未来会吸引你?""你希望自己成为什么样的人？"……这些问题可以帮助孩子越来越清楚自己内心真正的渴望，对孩子来说是非常赋能的。

多问积极性问题

"为了得到这个结果，你有什么计划？""你需要爸爸妈妈怎么样支持你？""如何做才会让事情变得更好？"等都是积极性问题。积极性问题可以让孩子把自己的想法落实到行为上和结果上，对自己更加负责。

下面这些问题是非常适合家长问的一些教练式问题，可供家长们参考：

1. 发生什么了？
2. 你的感受是怎样的？
3. 你有什么样的想法？
4. 你想要的是什么？
5. 最理想的状态是怎样的？
6. 你想成为怎样的人？
7. 你看到一个怎样的自己？
8. 你觉得有些什么方法？
9. 这些方法带来的结果会是怎样的？

10. 你决定怎么做？

11. 你希望我为你做些什么？

12. 下次再碰到类似的情形，你会怎么选择？

以上只是一些参考性问题。除此之外，我们还需要注意以下几点。

第一，有效提问的基础是深层次聆听，只有当我们深层次聆听的时候，我们问出来的问题才会是孩子需要的。

第二，提问不要具有引领性、目的性。如果我们想通过提问引导孩子好好学习、建立好习惯，这样的目的性会让孩子非常反感。如果我们把建议包装成问题，也会让孩子感觉我们不是真正在关心他们的想法，只是想引导他们。

第三，问什么问题并不重要，提问时的状态是最重要的。不要让孩子因为我们的问题而倍感压力，放松地、中正地、带着爱地提问会让孩子打开自己的内心世界，连接到自己的智慧。

隐喻的魅力

在给青少年做教练的过程中,适时运用隐喻,会带来非常大的效果。这是因为隐喻会带来画面感,在隐喻中,孩子会更容易连接到自己的内视觉、内听觉和内感觉。隐喻可以成为孩子意识与潜意识沟通的桥梁,让我们的会谈进入到更深层次的部分,让孩子更容易产生自我觉察。

例如,我经常给初三、高三的孩子做考前焦虑教练。当我问他们有什么感觉时,他们常常说不清楚。但当我问他们"你觉得你现在的状态像什么呢?",他们给出的回答是非常丰富的。有孩子说自己像蒸笼里出锅前的包子,在锅里闷着,没办法喘气;有孩子说自己很像蚱蜢,跳来跳去,好像无处安身;有孩子说就像一个巨大的浪向自己扑过来,感觉马上就要消失在浪里……

通过这些隐喻,我们可以了解孩子目前的状态、情绪和遇到的困难。借助这些隐喻,我们可以深入他们的内心世界,陪伴他们走出困局。

案 例

在一次给一个高三男生做教练过程中,他说自己现在感觉就像在鸟笼里,被关住了。我问他被什么关住了,他说是被学校、高考关住了。他向我表达了他这段时间的压抑、痛苦、不满、担心、焦虑。当他尽情诉说后,情绪就慢慢释放了,我明显感觉到他轻松了很多。以下是我们的对话。

我:"现在鸟笼有些什么不同?"

他:"好像变柔软了,里面有了一些空间。"

我:"那些空间对你来说意味着什么?"

他:"好像心安定了些,说出来后感觉自己可以呼吸了。"

我带着他做了一些放松练习后,他更轻松、平静了。

我:"现在的你怎样看待鸟笼生活呢?"

他:"既然暂时飞不出去,就好好待着吧,看看鸟笼里面还有什么有意思的事情,或者是把鸟笼布置得令人舒适一点。"

我:"让你舒适一点的可能会是什么呢?"

他:"我和同学的关系、和同学相处的模式要改变。假如和同学之间的关系好一点,我在鸟笼里也会感觉到舒服一些。"

> 我:"假如和同学的关系好起来了,你看到的鸟笼又有什么不同?"
> 他:"有温度了,我也可以看鸟笼外面的天空了。"
> 我:"那是一片怎样的天空?"
> 他:"有蓝天白云,我可以无忧无虑地飞翔,那是高考后的世界,我感受到了。"

那么,我们应该如何善用隐喻?与孩子沟通的时候,隐喻可以用在以下四个方面。

利用隐喻让孩子更容易表达自己的情绪

现在我想邀请你跟随我一起来做以下练习,看看我们可以运用隐喻来为自己做些什么。你也可以尝试拿一张纸和一支笔来写下以下问题的答案:

当你感到快乐时,你会联想到什么颜色?
当你感到痛苦时,你会联想到什么颜色?
当你感到悲伤时,你会联想到什么颜色?
当你感到喜悦时,你会联想到什么颜色?

我的答案分别是橙色、灰黑色、深蓝色、红色。你呢？

这是以颜色来隐喻情绪，我们可以让孩子说出来或者是画出来，再去感受。我们也可以直接问孩子："你有一种情绪在这里，这种情绪像什么呢？"孩子的答案通常很丰富。有孩子曾告诉我："它像一块石头，很大。"我会让孩子继续描述这块石头的颜色、形状、重量等，描述得越清晰越好。

有些孩子的描述是与声音有关的。例如有个孩子告诉我："我的痛苦就像用石头刮玻璃的声音，很刺耳、很难受。"有些孩子描绘的情绪没有画面、没有声音，但有强烈的感受。比如，有孩子会告诉我："那种感觉就像一块冰块，冷冰冰的，很硬。""我的情绪就像毛毛雨，软绵绵的，很不带劲。"……

运用隐喻可以让孩子知道情绪是可以表达的、可以谈论的。

利用隐喻帮助孩子表达自己目前的状态

我们可以问孩子："你目前的状态像什么呢？"一个青少年曾告诉我，他目前像是在谷底，毫无出路，到处都是荆棘丛林，还突然刮风下雨，他连雨伞都没有，无处可躲。那一次教练我就帮助他感受他在深谷里遇到的困难是什么、他的情绪是什么、出路有可能在哪、他可以迈出的第一步会是什么。还有一次，一个孩子告诉我，就她目前的状态，她脑海中冒出的画面是一座高不可攀的大山,最要命的是其他同学都已经爬到了山腰,自己还在山脚。我问她:"那你想怎么样?"她说:"我想放弃了,我不想跟他们一起爬了。"后来我和她讨论,出现什么样的情况,她才愿意再去尝试爬这座山。她告诉我:"要么就是有些小伙伴回来陪我一起往前走,要么就是我找到了楼梯,找到了一块垫脚石,我可能就会想往前走了。"接着,我就跟她探索什么是她的垫脚石,什么样的事情出现可以帮助到她,让她愿意迈出第一步。

利用隐喻帮助孩子表达自己的身份

我常常会问孩子的一个问题是"如果你是大自然中的一个事物,你会是什么?",孩子们给我的回答也非常丰富:有的说是蓝天、白云;有的说是一棵大树;有的说是小草;有的说是马、牛、猴、青蛙;等等。每一个意象背后其实都有他们对自己身份的认同。通过聆听、探索,我们就会看到孩子是怎么样看待自己的,未来想成为怎样的人。

有一次在青少年营里,我让每一个孩子画一棵树,他们画出来的树千差万别。接着,我陪伴他们探索:"假如这棵树是你自己,你看到了自己的什么呢?"我们用教练的状态去聆听他们,一步一步地深入探索,得到了非常多的信息。孩子的内心世界就像一幅画,在我们面前清晰地展现,越来越生动。

利用隐喻帮助孩子探索未来景象

我常常会问孩子:"想想五年后的自己,你眼前出现了一幅怎样的画面?"通过这个问题,很多孩子会越来越清楚地说出他们的未来景象是怎样的。很多孩子就是通过这样的隐喻,找到了自己的梦想:成为城市规划设计师,把城市设计成自己喜欢的模样;成为老师,看到很多人跟随自己学习;成为歌唱家,站在很大的舞台上尽情地展现自己的才华;成为动画设计师,看到自己设计的动画影响着世界……

同样,也请你问问自己下面这些问题,你可以写下自己的答案:

1. 你目前的情绪是什么?你的感受是什么?这种情绪和感受像什么?

2. 你最近的生命状态像什么?

3. 假如用大自然或生活中的一个物品来代表你自己,你觉得自己像什么?

4. 想想三年后、五年后,甚至十年后,你眼前出现的是怎么样的一个画面?

当我们能够把隐喻用在自己身上时,才能更好地运用隐喻来与孩子沟通。我们会发现我们与孩子的距离越来越近,我们与孩子之间的交流沟通就会变得越来越有趣、生动、有效果。

教练的视角

1. 更深层次地聆听孩子，不要太快把我们的判断、情绪、建议带进来，而是深呼吸，让自己放松下来，全然地对孩子感到好奇。

2. 真正地聆听，你会发现孩子的负面行为和负面表达背后是对爱的呼唤，那些未被表达出来的声音里蕴藏着巨大的生命力。

3. 提问的目的不是要为难孩子，而是通过提问来帮助孩子打开话匣子，并激发他们内在的思考，挖掘与发展他们的潜能。

第 5 章
帮助孩子在学习上取得突破

青春期本该是学习成长的最佳年龄,但近年来却出现大量青少年学习动力不足,甚至不上学的现象,这也是许多父母为孩子找教练的主要原因之一。这一章将从教练的视角谈谈孩子的学习。

孩子学习遇到的四大困难

孩子从出生开始就对这个世界充满了好奇,每天都在学习新知识,用他们独特的方式来探索世界。学习是一件自然而然的事情。那为什么那么多孩子变得害怕学习,甚至抗拒学习呢?这里我们不得不谈到孩子在学习上会遇到的四大困难。

困难一:动力困难

我在跟孩子们聊学习的时候,他们都提到了一个困惑:学习究竟有什么意义?每天机械式地上课、做作业、考试。向父母抱怨,父母就会说:"如果你不好好学习,将来就很难找到好工作,很难养活自己。"所以孩子常常会把学习与生存恐惧联系起来。而另外一种论调,如"为了民族的未来而读书""为了社会的发展而读书",孩子又会感觉这些跟他们的距离太远了,他们够不着。

因此,在孩子小的时候就和他们讨论人生的意义、读书的意义是非常有必要的。虽然这并不一定会帮他们马上找到答案，但在成长的过程中，如果有一个人陪伴在他们身边，乐此不疲地与他们一起探索、讨论，是件非常有趣的事情。孩子们会对学习与成长充满动力，也会找到支撑自己向前的信念。

美国著名的精神导师迪巴克·乔布拉有个非常有意思的故事。乔布拉养育了三个孩子，从小就跟三个孩子说："你们不需要很努力读书，也不需要考很好的学校，你们只需要每天做三件事，这三件事是你们自己喜欢的、擅长的，并且能服务于他人的。"有一天，其中一个孩子问："爸爸，如果我一直只做这三件事，我活不下来怎么办？"乔布拉没有说什么道理，只跟他说了一句："如果你坚持做这三件事，将来活不下来，爸爸来养你。"这位有智慧的爸爸，实际上是让孩子放下对生存的恐惧，去做自己想做的事。后来，这三个孩子都很努力读书，也选择了自己喜欢的学校，找到了自己的生命意义和幸福感，成了有出息的人。

父母需要提升自己的人生格局，才有足够的能力去陪伴孩子探索人生更深层的意义。当孩子明白自己活着的意义，就能找到学习的意义，找到学习的真正动力。

困难二：情绪困难

当孩子陷入某种情绪的时候，是无法安心学习的。青春期孩子有很多情绪：人际交往的冲突、来自学校和老师的压力、父母的不理解等。这些情绪未必与学习直接相关，但却会引发孩子对学习的抗拒情绪。例如，孩子如果喜欢哪一科目的老师，那一科目一般会学得比较好；抱怨哪一科目的老师，那一科目的成绩会差一些，孩子甚至会厌学。有些孩子无法上学是因为遇到了校园欺凌，或者是来自同伴的压力。所以，当孩子有情绪的时候，不要急于把关注点放在学习上，而是放在孩子这个"人"上，关心他们，聆听他们，同理他们，等待和陪伴他们走出情绪旋涡，帮助他们有效地处理情绪。这远比关心、督促他们学习有效得多。

困难三：能力困难

这里说的能力，除了指学习过程中不断培养出来的学习能力外，还特别指学习的能力偏好。一个孩子如果不了解自己的能力偏好，用错了方式学习，就会感觉很困难，事倍功半。

孩子在学习上有自己的能力偏好，他们接收信息的方式各有不同。在身心语言程式学（NLP）里，学习的能力偏好被分为三类：视觉型、听觉型、感觉型。

视觉型孩子学习多用图像、画面来记忆、思考和表达。他们说话通常声音大且响亮、快且简短，喜欢开门见山，对冗长的话语感到不耐烦。他们惯用的话语有画面感，例如："这个世界五颜六色，多姿多彩。""你看这件事该怎么办?""这人长得不好看。"

视觉型孩子在学习上擅长快速浏览、接受视觉指示;短处是难以接受口头指导,不容易分辨听觉刺激。

对于视觉型孩子,我们可以鼓励他们用彩色的笔在教科书上画重点和思维导图,让学习内容变成画面,在脑中"放电影"。

听觉型孩子多用声音、说话和文字来记忆、思考和表达。他们说话滔滔不绝,内容详尽,喜欢找聆听者,不能忍受错别字,注重文字优美、发音准确。他们惯用的话语包括:"我听到了很多不同的声音。""我们来谈谈这件事吧。""走在上面发出沙拉沙拉的声音。"

听觉型孩子在学习上擅长接受口头指导,口头表达能力强,比较容易听课;短处是书面作业抄录困难,容易受到周围环境的声音的影响。

对于听觉型孩子,我们可以鼓励他们听质量比较好的录音、网络课程,让他们成为小老师,向其他人讲述知识。

感觉型孩子多用感受来记忆、思考和表达。他们说话语速慢且声音低沉,给人深思熟虑的感觉,说话时常常提到内心的感受、感觉和经验,常用感受性词语,例如:"这样我就安心了。""我觉得不太舒服。"

感觉型孩子的长处是动手能力强,节奏感、平衡感好,感受力丰富,一旦专注就容易进入心流状态,用体验感去记忆;短处是通过视觉、听觉接收信息的能力欠佳。

对于感觉型孩子，我们可以把学习内容转换为体验内容，让他们在做中学，多运用肢体语言。

困难四：方法困难

相比前面几种困难，方法困难是最直接的，也是最容易解决的。当孩子认识到自己学习是为了什么，能够处理好学习上的各种情绪，并且知道自己的学习类型，运用好自己的能力偏好，一切都水到渠成，我们就可以协助他们找到最合适的学习方法。

孩子不愿意上学怎么办

一段时间以来，我接到的大量个案都是关于孩子突然不愿意上学，或提出不上学的要求的。对此，父母们束手无策。

我们先来看看孩子不愿意上学可能的原因是什么。基于过去的大量个案经验，我将原因归纳为以下三点。

原因一：不稳定的家庭关系

在家庭系统动力中，孩子出于对家庭的忠诚，潜意识里总想承担某些不该由他们来承担的责任，希望用自己的力量去维系家庭的美满，甚至牺牲自己的未来。现实生活中常出现的状况有：父母关系不好，孩子就没有心情学习，心里总惦记着父母；父母中有一方状态不好，孩子总牵挂着，留在家里守着，不愿面对自己的未来；孩子从小跟爷爷奶奶长大，到了读书的年纪离开爷爷奶奶回到父母身边，跟父母不亲，心里惦记着老人家，无心向学。

> **案 例**
>
> 有一个初中的孩子突然不愿意上学了,爸爸妈妈非常着急,为了劝孩子上学,他们还跟孩子产生了激烈的冲突,亲子之间完全无法沟通。后来,这个孩子来到我们的工作室,经过我们的努力,我们和孩子相处得非常愉快,得到了他的信任,但是他绝口不提上学的事情。通过慢慢地接触,我们得知孩子的爸爸长期在外地工作,而他从小学就住校,姐姐在外婆家住,一家人在几个不同地方生活。到了初一,孩子心里对家的依恋越来越浓,不愿意离开家。他也非常希望妈妈可以开心起来,妈妈的焦虑和愁容让他更不放心离开家。经过一段时间对孩子妈妈、孩子的陪伴和调整,妈妈接受了他不愿上学的事实,索性让他休学在家,给他足够的陪伴和休整的空间。而妈妈也在学习调节自己的心情,让自己越来越愉快、温暖。爸爸在外也常常打电话给孩子,打电话的时候不问上学的事情,只是关心他。后来孩子突然提出要上学,而且很奇怪的是,他回到学校后,变得非常积极,学习成绩非常好。

我们发现,孩子常常是用不上学去换取他们觉得生命中重要的东西,去唤醒大人,用自己的努力去拉近父母的关系,或者是不放心家人，以为自己不上学就可以照顾家人，让家人更开心。遇到这样的情况，父母需要从根源上解决问题，先让自己放松下来，并允许孩子哪怕休学一段时间，给孩子足够的爱，并且常常跟孩子说："爸爸妈妈之间的事我们会自己解决的，你能够照顾好自己，做自己喜欢的事情，追求属于自己的未来，这就是对爸爸妈妈最大的照顾、最大的孝顺。"当孩子确信爸爸妈妈可以照顾好自己，他们就可以安心地去追求自己生命中重要的东西。

由不稳定的家庭关系导致孩子不愿上学的情况，对父母来说是一个非常大的考验，需要父母坚定地给予孩子无条件的爱。孩子会用较长的时间挑战父母，制造很多的情绪事件来考验父母，来看看父母是否真正在无条件地爱他们。在我陪伴过的很多家庭里，很多父母会非常感激这样的考验。因为孩子的挑战让他们真正面对自己的问题，进行深入的自我探索，自己的局限性信念也因此得到很大的突破，亲子关系有了质的变化。

原因二：在学校遇到了挫折与创伤

孩子不愿意上学的第二个原因很有可能是孩子在学校遇到了挫折和创伤，没有及时得到帮助和解决。

> **案 例**
>
> 有一位妈妈向我求助,说家里花了很多钱给孩子补习,孩子终于考进了重点中学,这本来是一件非常值得开心的事情,可是到了重点中学后,学校管理严格,学生成绩普遍都很好,孩子跟得很困难,后来成了班上的倒数第一,自信心大大地被打击,就提出不上学了。
>
> 家里人觉得孩子不可理喻,认为他不上学的原因是没有毅力,没有奋斗精神。后来孩子的成绩越来越糟糕,于是家里人就在老家给他找了一所特殊学校,这所特殊学校专门供"后进生"学习。离开了父母之后,孩子一开始还好,成绩在班上位于前列。他提出:"既然我学习成绩好了,我还是想回到爸爸妈妈身边。"可是父母觉得他又想放弃,认为他应该继续坚持。孩子很不开心,又开始不愿意上学了。一开始他还愿意跟爷爷讲话,后来就拒绝与任何人沟通,一头扎进游戏世界里,谁也不理。

从这个案例里我们看到,当孩子压力过大或遇到困难时,如果没有得到及时的帮助,他们很容易放弃自己。孩子在学校可能遇到的困难是什么呢?我总结了以下几点。

困难一:学习压力过大。在一些重要的转折点,如初一、高一,学科突然变多,或者看到周围的同学成绩都比自己好,孩子就会觉得难以适应,心理压力过大。

困难二:和老师的关系不好。和哪门科目的老师关系好,孩子就比较容易学好这门科目;但如果和哪门科目的老师关系不好,要学好这门科目就难得多。当孩子和某一科目的老师的关系不好,或者无法适应老师的授课风格时,他们对这门科目的学习信心也会受到影响。

困难三:不擅长处理人际关系。很多孩子因为在学校里常常感觉到被孤立,害怕处理人际关系,也就不想上学了。

当孩子遇到实际困难,我们可以用教练的方式,深入、细致地聆听他们的故事,承托他们的情绪,帮助他们找到内心的动力,鼓励他们跨越困难,陪伴他们继续前行。

原因三:没有找到努力的方向

很多孩子并不知道自己读书是为了什么。有一个 11 岁的男生曾问我:"如果要在未来养活自己,每个月大概要挣多少钱?"我当时觉得很奇怪,问他为什么会问这个问题。他说:"我读书是读不好的,所以我要想一想自己的出路,看看究竟多少钱才可以养活自己。假如以后我读不了大学,我找一份怎样的工作可以养活自己?"当时听了这个孩子的话以后,我觉得有点难过,因为他对未来和自己都很悲观。我问他:"是什么让你产生了这样的想法?"

他说:"爸爸妈妈常常对我说,如果我读不好书,将来就找不到工作,就会被社会淘汰。我觉得读书很恐怖。"

这是很多父母鼓励孩子读好书的理由:"如果读不好书,将来你就会找不到工作,就会被社会淘汰……"当我们用这种方式"激励"孩子,他们就会将学习和对生存的恐惧联系在一起。读书只是为了生存,而不知道它的意义,没有自己的梦想、热情、乐趣,孩子又怎么会觉得读书是快乐的、有趣的呢?又怎么可能会好好学习呢?

案 例

一个即将进入高三的女孩子突然提出不想上学。在和我聊天的过程中,她告诉我,她不知道自己为什么要读书,觉得自己就算成绩很好又怎样,考上大学又怎样,她看不到自己的未来。

我问她:"你认为读书是为了什么?"她说:"读书就是为了找到一份稳定的工作。"我问她:"这是谁告诉你的?"她说:"爸爸妈妈在我小时候就这样告诉我。"接着,我带她做了一个"改变局限性信念"的练习。我让她想象,假如她继续保持这样的想法,她的未来会怎样。她说,她看到自己真的找到了一份很稳定的工作,但是那份工作并不是她喜欢的,她觉得生活毫无意义,没有乐趣可言。

> 于是，我又尝试帮助她找到一个可以支持她走向未来的新信念。最后，她终于找到了："读书就是为了遇到全世界！"找到这个新信念后，她看到了一幅非常美好的画面：她穿着职业装，和世界各国的人握手，用流利的英语跟他们交流，非常有风采。当她看到这个画面的时候，她很激动地说："这才是我想要的！"于是她把"读书是为了遇到全世界"这句话记录下来，并且铭记于心。她说："小船老师，我找到答案了，我知道我是为了什么而读书了，我会好好上学的！"

在孩子小时候，我们就应该鼓励他们拥有自己的梦想，而读书就是为了实现自己的梦想。我们可以鼓励他们做三件事：自己喜欢的事、自己擅长的事、服务于他人的事。这就是从生命层次，而不是从生存层次去推动孩子。孩子也会因此慢慢找到自己的理想，找到自己想要的未来，从而为之而奋斗。这个时候，孩子的学习就会和一份幸福感联系在一起，学习也就充满了动力。

同时，父母也要起到榜样作用，活到老、学到老，用更高的人生格局、人生境界去影响孩子，让孩子看到父母也是每天在做自己喜欢的、擅长的、服务于他人的事情，用这种生命状态去影响孩子。他们会知道，原来追求梦想是人一生的动力，而学习是帮助他们走向未来的一条光明道路，他们也就更愿意去面对学习上的困难了。

重新激发孩子的学习动力

每个孩子从呱呱落地的那刻起就开始认识新事物,学习新技能。任何一个孩子都不缺乏学习的动力与能力,学习一直是自然而然的事情。但后来在家庭和学校中,孩子们遇到了种种困难,特别是我们前面提到的四大困难,会出现退缩、逃避甚至放弃的现象。那么,怎样才能重新激发孩子的学习动力呢?

以关系带动学习

这里说的关系包括三类关系:父母与孩子的关系、老师和学生的关系、孩子与自己的关系。

父母与孩子的关系

孩子的潜意识里有个声音:"爸爸妈妈好了我才能好,如果爸爸妈妈不好,我就没有资格变好。"父母之间的关系、父母过得怎么样,始终是孩子最为牵挂的事情。只有把这件事情放下了,孩子才会把注意力放在自己的学习和成长上。

父母与孩子的关系还包括父母是否允许孩子做自己。父母要清楚地认识到，孩子只是借助我们来到这个世界上，我们只能给他们生命，给他们提供必需的心理营养，但不能控制他们的人生。每个孩子都是独立的个体，他们的未来属于自己，他们的成长是与父母从共生走向分离的旅程。孩子越能活出自己喜欢的样子，而非父母喜欢的样子，孩子就越有生命力。父母有这样的信念，孩子就会带着自己独特的生命力，选择适合自己的学习路径，在世界上创造属于自己的未来。

老师和学生的关系

孩子与老师之间的关系会深深影响孩子对待学习的态度。作为父母或青少年教练，我们需要帮助孩子正确看待自己与老师的关系，陪伴和支持他们重新修复与老师的关系。

案 例

我女儿在成长过程中与老师发生过几次冲突，每次都引发了她强烈的情绪。令我印象比较深刻的是，她从小就在语文上有较突出的表现，她的作文经常被老师表扬，这成为她的自信源泉。初二时换了语文老师，这位老师不苟言笑，也不太认可她的写作风格，每次作文都给她很低分，甚至对她有语言上的否定。女儿一时被打击了，非常难过,对自己失去了信心,语文成绩掉得很快。幸好女儿每次遇到困难都会第一时间找我,我让她尽情地哭诉,让她压抑的情绪得到宣泄。平静后,我们一起讨论究竟是什么让这位老师如此否定她,是不是真的有些我们没看到的问题。于是周末我们找到了她小学时的两位语文老师,这两位老师曾经都很欣赏她,给过她很大的信心。两位老师很认真地看了她现在的作文和老师的批语,果然发现了问题。有了这样的发现,女儿对初中的语文老师彻底改观了,还主动去找他,感谢他的严格要求,并且主动和老师讨论该怎样把作文写得更好。因为女儿对老师态度的变化,这位老师对她也越来越有耐心,变得温和,她的语文成绩又回升了。

当孩子与老师有关系上的困难时,作为教练或者父母,在充分理解孩子的情绪感受之外,还需要帮助他们超越眼前的困难,去看看困难背后的意义。当他们有能力面对与老师的关系时,他们会从中获得一份更深层次的动力,也会获得成长的幸福感。

孩子与自己的关系

青春期孩子很多表面上的学习问题,其实并非学习本身的问题。在和孩子们接触时,我发现他们其实都很在乎学习。影响他们的反而是与自己的暗中较劲,一方面对自己要求过高,另一方面对自己不信任,内心产生自责、自我否定的情绪,影响了学习。

案 例

　　一个高三女孩,患者轻度抑郁症,伴有轻度自残行为。刚开始和我交流时她说是学习压力太大。但经过深入交流,我发现,原来她从小得到来自家庭的呵护特别多,所以很依赖家人。她很不喜欢这样的自己,觉得自己什么都做不好,拖累了家人。在交谈时,每次谈到她希望自己能独立自主、为自己的人生负责时,我都能感受到她心底的强烈动力,但这种动力很快又被自我指责与否定所取代了。我把她的这种心理模式用身体语言呈现给她看,就像一位妈妈一边推着孩子往前走,一边又怪她走得太慢,后来孩子就躺在地上,放弃了。看到这一幕,她的眼眶湿润了。我问她:"如果你是这位妈妈,你想怎样对待这个孩子?"她说:"我只想抱抱她,跟她说没关系,不要着急。"我问:"如果你这样做,孩子会怎样?"她说:"我想她会慢慢起身,等准备好了,就会一步一步往前走。"说完,她整个人都轻松了,终于接纳了自己,身上有了一股微妙的力量。后来她越来越投入到学习中。

教练很多时候需要成为一面镜子，帮助孩子看见自己，帮助他们接纳不够完美的自己，与自己和解，停止自我挣扎的内耗，让精力和关注点重新回到当下、回到学习上，他们就会重新焕发活力。

以兴趣和天赋带动学习

每个孩子都有自己的兴趣和天赋，如果父母能关注孩子的兴趣和天赋而非学习成绩，也许能帮助他们找到更适合自己的学习路径。每个人最大的成长空间在其最强的优势领域。也就是说，每个人最大的空间不在于弥补短板，为了均衡发展而放弃优势，而是把天赋发挥得淋漓尽致，让优势带动全面发展。

我从小到大总是很难把一些事情做好，例如手工、数学等；而有些事情却很容易做好，比如朗诵、演讲。我很幸运，我了解并发挥了自己的天赋和才华，因此对自己有了一份自信与希望。现在，我是一名青少年教练，常常有机会和孩子进行深入交谈。我经常为孩子丰富的内心世界而感到惊讶。他们找到我的时候被父母认为是有问题的，可是在跟他们深入交流之后，我却看到了他们的独特性。这些独特性让我赞叹不已。当孩子的独特性被看到并且被欣赏，独特性就成了他们的希望。

案　例

　　一个刚刚进入高中的女孩突然不愿意上学了,家长把她带到我们的工作室。一开始她很警惕,很担心我们是她爸爸妈妈的"帮凶",是劝她回学校的。可我们不是,我们只是带着好奇去了解她。在越来越放松的情况下,她告诉了我们她内心的梦想。她非常热爱做设计,有很多稀奇古怪的想法。例如她喜欢改造妈妈的旧衣服,本来是一件过时的衣服,可是经过她的设计之后,就变成一件很时髦、很前卫的衣服了。除此之外,她还很喜欢设计美甲,她设计的美甲图案深受同学喜欢。在与我们聊天的过程中,她越来越兴奋,给我们看了她手机上从来没给人看过的各种设计作品。她完全不按套路出牌,有很多灵光闪现的设计,非常精彩。她急着想去创业,想从事与艺术、美学有关的工作,想把自己的艺术作品尽早地展现给大家,她觉得高中浪费了她的时间。在跟她聊天的时候,看到她两眼发亮。不让她去探索一下,她不会甘心。

　　我们对她爸爸妈妈说,给她一些时间,让她去探索,找找自己的未来之路。爸爸妈妈答应了。这个孩子一下子松了绑,很兴奋,非常积极地去探索她的创业道路、艺术道路。

　　过了一段时间,她突然说要回学校。这段时间里,没

> 有人阻挠她去探索她的未来之路,她开始思考,如果真的要实现自己的梦想,还需要有更高的学问,接触更高水平的人,所以她决定考大学。经过三年的努力,她终于考取了理想的大学和专业。

这样的例子有很多。当我们看到并且认同孩子的独特性,认同他们的天赋和才华,并且鼓励他们发展自己的天赋和才华,这往往会成为激发孩子、推动孩子去探索未来的一个重要支点。当他们对自己有希望了,他们就愿意往前走,思考自己的学习规划,思考自己的人生。

以能量状态带动学习

这里所说的能量状态包括父母的能量状态和孩子的能量状态。

如果父母的能量状态较差,不仅无法带动孩子,反而会消耗孩子的能量。我问过很多处于困境中的孩子:"你希望爸爸妈妈怎样帮助你?"他们几乎无一例外地说:"他们帮不到我,他们自己开心起来就好了。"每每看到愁眉不展的父母,我一般会建议他们先把目光从孩子身上放回自己身上,先照顾好自己,去面对自己的人生课题,慢慢调整自己。当父母轻松、快乐起来时,孩子不需要父母说什么,也会更喜欢家,更喜欢自己,才有机会重拾对学习的兴趣。

父母除了需要调整好自己的能量状态外,也要帮助孩子处理情绪,提高孩子的能量状态。当孩子能量极低时,他们是无法好好学习的。他们每天把上学看作任务,拖着疲惫的身躯去学校,能勉强完成基本作业已经很不容易了。当孩子能量高一点时,他们会在上课之余去尝试阅读和探索。当孩子能量充足时,他们会有为自己人生做主的力量,会主动考虑自己的未来,有能力拒绝诱惑,他们的自主性不会轻易受到外界的影响。父母需要帮助孩子学会处理情绪,调整自己的能量状态,激活他们的生命力,用他们的能量状态去带动学习状态。

| 青少年成长教练

帮助孩子轻松面对考试

如今,孩子学习压力大,考试给他们造成很重的心理负担。每年我都会接到很多关于考前焦虑的教练个案,特别是在中考、高考前。心理素质往往是影响考试成绩的重要因素。很多孩子考完后都说:"这么简单的题目,我当时怎么就想不起来呢?"作为父母,该如何帮助孩子面对考前焦虑,轻松应考呢?

父母对考试的态度直接影响孩子的状态

我想先问问父母们:

孩子马上要大考了,你的心情如何?你有什么身体反应?
你怎么看待孩子的考试,你觉得它像什么?
你认为孩子的考试成绩是什么?
你怎么看待现在的考试制度?

第 5 章　帮助孩子在学习上取得突破

　　我想请父母们先把这几个问题的答案写下来，然后再继续看下去。

　　对这几个问题的回答，便是我们自己有关考试的信念。父母对考试成绩的态度往往会直接影响孩子。很多父母会把考试成绩作为衡量孩子学习好坏的唯一标准，所以无论是父母还是孩子，都会对考试患得患失，认为只能成功，不能失败。有部分父母觉得孩子可怜、辛苦，很心疼。还有些父母会抱怨现在的考试制度，觉得无能为力、不得不考。我们的这些看法，虽然出发点都是关心孩子，但也有可能让孩子减能。

　　我女儿小时候很喜欢养蚕宝宝。蚕宝宝结茧之后，要经历漫长的等待才会破茧。有一次，女儿实在等不及了。她看见蚕宝宝在里面很辛苦地挣扎，总是出不来，就忍不住用剪刀把茧给剪破了，想让蚕宝宝快点出来，结果蚕宝宝却死了。

这件事情让我联想到我们对待孩子的方式。每次当他们遇到困难和挑战时，其实都是让他们"长高、长肌肉"的好机会，受伤是难免的。在人生的旅途中，孩子只有面对挑战，才会学会对自己的成长负责，才会变得越来越有力量。如果我们过早让孩子免受成长的痛苦，不想他们遇到困难，那么孩子就像被剪了茧的蚕宝宝，很快就会失去自己的力量。

假如孩子和父母都能够正确地面对考试，明白考试的意义，明白每一次考试只是前行的助推器，是一次成长的检验，检验自己哪里学会了、哪里还需要努力，并不是评判一个人优秀和失败的标准，这样我们就能带着喜悦与祝福迎接每一场考试、每一次挑战。

应对考前焦虑

许多父母和孩子在面临考试时会出现焦虑情绪。焦虑的本质有两点：第一点是这件事情对我来说很重要；第二点是到目前为止，我的能力还不够。

这件事情对我来说很重要。适当的焦虑是必要的，它会让我们紧张起来，把主要精力放在重要的事情上，并更全神贯注地投入其中。而过多的焦虑则会让我们失去本来的智慧。

到目前为止,我的能力还不够。为了减少焦虑,我们有两个选择:一是把关注点放在能力的提升上;二是降低自己的要求和标准。

应对考前焦虑情绪,我在这里送给大家两把金钥匙。

第一把金钥匙:关注目标。当心里有了合适的目标,就会有动力。要注意的是,合适的目标不是与他人比较的目标。例如"我要考多少名"这类目标,反而会增加孩子的焦虑。合适的目标一定是孩子先经过对各个学科的分析,心中对每个学科应有的努力方向有清晰的认识,然后根据分析为自己确立的可以努力达到的一个切实的目标。

例如,一个孩子告诉我,他下一次考试的总体目标是要将总分提高一百分。那么,他就需要清楚这一百分分布在哪些学科。如果数学要提高三十分,那么他一定要知道这三十分可以从哪里来,他要强化哪部分的能力。目标应该是关于能力的,而不是关于比较而来的分数的。当孩子清楚了每一门学科自己要提升的能力、要聚焦的方向,他就可以策划在有效的时间内,自己可以做什么、不做什么。他会成为学习的狙击手,有的放矢,而不是盲目地刷题,不知道重点在哪里。

另外,给孩子做教练的时候,我会帮助他们找到底线。底线就是"我最坏的打算是什么?"。很多时候,我们对失败的恐惧感到焦虑。但是当能够想清楚失败的可能性,能够面对失败,知道失败后自己依然有选择后,孩子就会安下心来,知道自己的退路在哪里。

第二把金钥匙:聚焦于当下。当孩子面对焦虑的时候,我们可以帮助他们回到当下,即专注于当下,任由乱七八糟的干扰念头来了又走。这是一个很重要的心理暗示。我们可以帮助孩子用以下方法训练自己"回到当下"的能力:

你可以想象一片蓝天上漂浮着白云,你是蓝天,那些干扰就像白云。当干扰来了,就像你看着那些白云一样,你既不去抵抗它,也不去跟随它、抓取它,只是站在原地。你是白云背后的蓝天,无论白云怎样流动都不会影响你,你依然非常稳定。

当我们用以上练习来帮助孩子进行自我暗示时,孩子会更好地聚焦于当下,更冷静、客观地看待自己的焦虑情绪。

孩子考试的时候,家长能做些什么

这里我想分享一个故事。有一次,我和两名同事凌晨五点多坐车赶往机场。当时是春节前夕,高速上车很多。突然,我们看到前面有车相撞,我们的车紧跟其后,马上就要撞过去。我和一名女同事吓得尖叫起来。我们的一位男同事就坐在副驾驶,他的脚也忍不住往前踩,像踩刹车一样。这个时候,我们的司机很镇定。他用脚点刹，就在离前车还有一点距离的时候，我们的车停了下来，逃过了一劫。后面我们才知道，那是一起多车连环相撞的交通事故。我们作为中间的一辆车，居然逃过了。我们的司机很镇定地告诉我们："其实我早就看到了，但是我不能急刹车，因为急刹车的话，一定会让后面的车撞上来。我通过点刹提醒后面的车主，让他们知道我在把握自己的停车节奏。"当时我们非常吃惊。这位经验丰富的司机是如此镇定，而我们却乱了阵脚。

考前也是这样。每个孩子都有自己的节奏，孩子知道自己该做什么。父母就像故事中坐在副驾驶的男同事，拼命想帮司机踩刹车，但那是没有用的。我们能做的是让自己尽量放松，安静地陪伴孩子，让他们找稳自己的节奏，而不是去干扰他们。

当然，如果我们想为孩子再多做一些，不妨试试以下这些方法。

第一，我们可以在家里构建较高的能量场，让家里更加整洁，有书香、花香；我们说话的时候，语言要轻松，也要有力量；我们要好学，在家安静地看书学习；我们要保持情绪的稳定，要有一丝幽默感……这些都可以给孩子带来安定、轻松的感觉。

第二，我们可以用孩子需要的方法来支持他们。孩子有自己的学习节奏、学习逻辑，我们可以问他们需要我们给予怎样的支持。有些孩子也许会提出，他们需要老师帮他们梳理思路；有些孩子可能需要父母陪他们一起复习；有些孩子可能要给我们当"小老师"，用"小老师讲课"的方式来复习；有些孩子需要跟我们一起用思维导图来编写复习大纲；有些孩子需要我们出份卷子考考他们；有些孩子可能什么都不需要……我们支持他们的方式方法是不确定的，要用孩子想要的方式去支持和陪伴他们。

第三，我们可以学习和掌握一些考前焦虑的情绪疏导方法。以下几个技巧是我在给青少年做教练时常常使用的，能帮助他们平复心情，尽快安定下来，更轻松面对考试。

放松呼吸法

这是最基本、最快速，也最有效的一种方法。当我们感觉紧张的时候，身体往往会紧绷，呼吸变得急促。这时，我们可以把注意力放在呼吸上，感受自己的呼吸变慢，而且每次呼气的时候，感觉耸起的肩膀慢慢放松下来。一般只需要有意识地呼吸几下，人就会放松下来。如果过于紧张感觉不到呼吸，可以在每次呼气时嘴巴微张，像吹羽毛一样，轻轻地把紧张和压力都呼出来。我们还可以把一只手放在胸口，一只手放在腹部，这样整个人会感觉更安定、放松。

接受失败法

这是 NLP 的一个很重要的技巧。考前我们受到的最大的内在干扰就是害怕失败。如果不敢面对失败，我们就会一直受到干扰。我常常会问孩子面对考试时他们害怕什么。通常，他们会说："我怕考砸了。"然后我会问："考砸了的感觉是怎样的？"这时他们会表达自己的感受："害怕呀，觉得自己完蛋了。"接着，我会邀请孩子把这种感受描绘出来:"这种害怕的感觉有没有声音?有没有大小?有没有形状?有没有颜色?有没有重量?"通常孩子都会很准确地告诉我,例如:"那种害怕的感觉就像仙人球""像泥浆,沾在身上动弹不了""像大石头压在心上""像一团黑乎乎的东西"……这个时候,我会邀请他们闭上眼睛,想象自己进入这个画面,与失败对话,让孩子说出面对失败的感觉和想法、失败在过去对自己的影响和帮助、如果真的失败后自己的打算等。当我们充分地与失败对话过后,失败的形象会产生变化,对失败的恐惧也会得到缓解。

直面情绪法

直面情绪法很简单,就是直接面对情绪。首先,使用第二人称,把自己称为"你"。接着,读出自己当下的情绪,直至足够。当有新的情绪或者想法出现的时候,再直接读出,直至足够。

例如,有一次我去参加我的恩师 NLP 大师李中莹老师的一个课程,有好几百人。当时我要在课程中途做一个小时的讲座。我坐在教室后面听老师讲课,越听越发现浑身不对劲,非常紧张。这是一个我并不熟悉的场域;我临时加入,而大家对李老师已经很熟悉;李老师是我的恩师,我跟在他后面分享……种种,都给我造成很大的心理压力。后来,我实在是坐不住了,就决定回房间调节自己的情绪。我开始面对自己的情绪。我对自己说:"你紧张,你紧张,你紧张。你害怕失败,你害怕失败,你害怕失败。你怕丢人,

你怕丢人,你怕丢人。你怕老师失望,你怕老师失望,你怕老师失望……你其实很想成功,你其实很想成功。你很在乎大家的看法,你很在乎大家的看法。你已经准备好了,你已经准备好了……"我不断地说。到最后,我终于平静下来。我小睡了一会,醒来时神清气爽,精神饱满,状态特别好,一个小时的讲座很成功。

这是我的亲身经历,我也用这种方法帮助过很多孩子。当孩子们说出:"你紧张,你焦虑,你怕失败,你怕丢人,你想成功……"一直说,说到最后,他们会突然觉得平静下来了,很神奇,也很简单。

帮助孩子改变学习的"坏习惯"

疫情期间,很多父母求助于我,问题都非常类似,就是随着在家上网课的时间变长,孩子开始不写作业,而是沉迷于游戏。父母一旦提醒或要求他们,他们就会表现得非常烦躁,导致亲子关系越

来越紧张。同时，我也遇到不少青少年主动找我解困，抱怨上网课、爸爸妈妈的唠叨，说自己很不喜欢这种状态，非常讨厌自己，想改变却改变不了。

看来无论是父母还是孩子，都很不喜欢这种状态。但是由于父母不理解孩子的心理状态，这个本来应该属于孩子的困惑，却转移为亲子关系问题。父母总是希望孩子好，但由于沟通方式不当，反而吃力不讨好。那么我们该如何面对我们想改变却难以改变的"坏习惯"呢？

为什么"坏习惯"总是难改

每一个行为存在都是有意义的。例如，孩子打游戏，可以满足他们的竞争意识、交友需求，可以让他们排解寂寞与无聊等；拖延的行为是满足放松、逃避困难的需要等。我们每做一个行为，就会在我们的大脑里留下一些痕迹。如果重复某种行为多次，痕迹会越来越深，慢慢会形成凹槽。改变旧习惯，就是要努力填平这个凹槽。这是件痛苦且难以见效的事情。

"坏习惯"与"旧习惯"

你可能注意到，我把"坏习惯"改名为"旧习惯"了。当我们称之为"坏习惯"时,就相当于下了一个判断。这就像说一个孩子是"坏孩子"一样,会让孩子更想当坏孩子。而"旧"并没有好坏、对错之分,只代表这是原有的习惯,而且这个习惯也曾给自己带来过好处。《身心合一的奇迹力量》一书中写道:"不与旧习惯战斗,直接开辟新习惯。"也就是说,我们不把注意力放在原来的那个凹槽上(这样只会让它越来越被重视、越来越深刻),而是形成新的凹槽、新的行为模式。那怎样才能形成新的行为模式呢?

第一,了解旧的行为模式的成因。例如,我以前总喜欢赖床,一般要预留一小时赖床时间。这个习惯让我非常苦恼,因为它会浪费大量时间,也会让我非常自责。后来我想到,赖床这个行为最初出现的原因是头脑醒了但身体还需要休息。当我意识到这个行为出现的真正原因时,我就放松下来了,也不再指责自己。不评判和指责自己,不努力改变旧习惯,是建立新习惯的前提。

第二,找到自己期待的画面。不喜欢旧习惯代表旧习惯虽然有好处,但也让人感到厌烦。既然我们不喜欢自己这样,那我们喜欢什么呢?我们可以描绘出自己期待看到的画面。例如我不喜欢自己赖床,我喜欢的画面是在窗明几净的书房里,朝阳照进来,我在打坐、看书,神清气爽的样子。让孩子描绘出他们所期待的画面,那个画面越清晰、越吸引人,改变的动力就越大。

第三,找到一个可以替代旧习惯带来的好处的新行为。当我意识到我的身体需要休息时,我就开始寻找还有什么方式可以让身体得到充分的休息。后来我想到了打坐,因为打坐不仅可以起到补充睡眠的效果,还有非常多的好处。于是我开始尝试醒来后打坐。一开始对自己的要求不要太高,因为如果要求过高,我们的潜意识就会收到痛苦的信息,下次就不想再尝试了。所以一开始我是在床上打坐的,从较短的时间开始,最重要的是每次都能做到并且有满足感和成就感。后来,我越来越喜欢打坐,主动寻求更好的感觉,所以就到书房去,打坐的时间也越来越长。不知不觉间,赖床刷手机的旧习惯就改掉了。

第四,相信自己的潜意识。完成了前面三步,我们的潜意识会自然整合,这样的整合需要一个过程。我们要充分地信任这个过程,不刻意努力,让潜意识自己去工作,自然就会做到了。

青少年教练可以陪伴孩子在以上四个方面进行探索,父母也可以从以上四个方面出发去理解孩子的"旧习惯",找到真正可以帮助他们的方法。当然,前提是你与孩子之间的关系是足够好的,而且孩子希望你去帮助他们,方法才会有效。还是那句话:"除非被邀请,否则不要去打扰。"

帮助孩子克服拖延

我经常会听到很多父母抱怨,孩子做什么事情都拖拖拉拉,晚上很晚也不睡觉,作业拖到最后才做,答应了什么事情,说的时候雄心壮志,结果半天没有行动。总之一个字:拖!

曾经在一次课堂上,我跟父母探讨孩子的拖延问题时,他们对孩子的这种行为真是痛心疾首,不断抱怨。于是我话锋一转,问他们:"你们觉得自己也会拖延的,请举手。"结果现场90%以上的父母都举起了手,然后大家都心领神会地笑了起来。

我接着说:"我们都很明白,我们平时要求孩子做的常常也是自己做不到的。如果我们想帮助孩子改变这个问题,不妨先从自己入手。拖延的内在原因究竟是什么?拖延带给我们每个人的感受是怎样的?"大家七嘴八舌说起来,有说无聊、不安、害怕、恐惧的,也有觉得困难、自责、内疚的,听起来都不好受。

那么,是什么导致了让人如此不好受,却又让人欲罢不能的拖延呢?拖延的核心原因有两个:一个是"做不到",另一个是"没兴趣"。

拖延产生的原因

首先,我们来看看"做不到"。当一件事情难度太大、任务过重、给人压力过大的时候,人本能就会拖延,甚至想逃避。例如孩子觉得学习太难了,成绩很难追上去,或者作业太多了,感觉喘不过气来,就容易对自己缺乏信心,就会拖着不做,拖着拖着,就想放弃了。

另外一个原因是"没兴趣"。一种情况是某件事情做起来太容易了,或者总是重复,没有乐趣可言。例如总是让孩子做家务,没有具有挑战性的事情发生,孩子就会觉得没兴趣。另一种情况是在某件事情里找不到动力。例如孩子觉得自己都还没有玩够就要学习,不知道学习有什么意义,心思并不在这里,所以就会拖延。

面对上述情况,父母通常会很抓狂。一个原因是父母有自己的标准,当孩子出现这种行为的时候,父母会倾向于评判。例如我们只是希望孩子一回家就马上做作业,不要玩手机。可是当孩子出现与我们的期待不同甚至相反的行为的时候,我们就会产生焦急甚至愤怒的情绪,没有耐心去看看、想想、问问孩子的内在究竟在发生什么。另一个原因是作为父母的一种本能。父母都希望孩子可以一切顺利,在成长道路上不要走弯路,能快速达到目标。而实际上,孩子在成长道路上必然会遇到很多困难。他们的成长道路是弯弯曲曲、凹凸不平的。他们有时会越走越慢,甚至退缩或者停下来。当我们的心理预期和孩子的实际情况有很大差距的时候，我们就会着急、失望甚至感到挫败。带着这样的情绪，我们就没办法静心聆听孩子，帮助他们改正缺点，也无法支持他们更好地活出自己。

那么，面对孩子的拖延，我们该怎么办？下面给大家提供几个建议。

第一，保持同理心。当孩子出现拖延行为的时候，我们不妨深呼吸，让自己安静下来，去感受一下孩子的状态，同时感受一下自己在拖延的时候的感受是怎样的。我们甚至可以直接告诉他们："是的，爸爸妈妈也有不想做事情的时候，比如一件事情太难的时候，我们也很想放弃，可是又很讨厌这种感觉。"当你真实地向孩子表达，他们也许就会愿意向你打开话匣子。

第二，深层次聆听。当孩子愿意打开话匣子的时候，我们需要非常有耐心地去聆听，不带任何评判，只是纯粹地去聆听：导致他们拖延的真正原因是什么？他们的情绪是怎样的？他们有什么想法？他们究竟在寻求什么？他们在逃避什么？他们需要怎样的支持？

第三，陪伴孩子面对困难，增强孩子行动的动力。当我们能够真正地同理与聆听孩子，孩子就会较完整地向我们展示他们的内心世界。我们要知道，如果孩子在做一件事情时，挑战性和他们的能力刚好匹配，他们就会越做越开心；如果挑战性比他们能力稍微高一些，孩子通过努力做到了，就会增加自信心。

  我们来看看怎样帮助孩子增强行动的动力。第一，帮助孩子进行自我觉察。我们可以尝试用"录像机沟通法"，只是描述行为，不加以判断，让孩子进行自我觉察。对于孩子的负面行为，我们经常很容易带着个人评判："你怎么总是这么晚还不洗澡？""你的时间观念怎么这么差？"……这样就会引起孩子的对抗心理。"录像机沟通法"就是很客观地把看到的事实说出来，不带任何的评判，像录像机在"说话"，让孩子自己来发现问题在哪里。例如："现在已经10点半了，11点你就要睡觉了。""我看到你还没有洗澡。""暑假只剩下三天了，你的作业好像没有做完。"……说到这里就够了，不用再多说，孩子自己就会知道。只是描述你看到的、听到的，不加任何评判和指责，孩子就会更客观地看到事实，更多地进行自我觉察。让孩子开始学会对自我负责，这是让孩子去处理好自己的拖延问题并拥有行动的信心的很重要的一点。

  第二，让孩子感受到自己有能力做到。当孩子面临的挑战过大时，我们可以陪伴他们去探索，看看是否可以降低难度或者帮助他们提高能力，让他们感觉自己能做到。我接过很多不想上学或者没有学习动力的孩子的个案。很多孩子都是因为感觉自己要追上去很难，这么多科目不知从何下手，于是没有信心了。这时候，我通常会帮助孩子去找一个他们相对比较感兴趣或者更容易突破的科目，让他们先专注于提升这一个科目的成绩。当孩子有一科找到了突破口，成绩上去了，他们的信心往往会大增，也就更有信心去攻下第二科。帮助孩子找到前行的起点很重要，让他们看到自己的第一步改变可以是什么。有了第一步，第二步他们有感觉了，就会有越来越多的自我肯定，也有越来越多前行的动力。

第三，帮助孩子找到行动的目标。对于那些梦想远大，行动力却不强的孩子，我们需要帮助他们找到一个可见的、可以达到的目标。这个目标是孩子的第一个垫脚石，帮助他们一步一步走向远大的梦想，远大的梦想才不会变得虚幻或者是让孩子变得焦虑。

第四，陪伴，示范，逐步放手。有些孩子很想做一件事情，但是他们觉得一个人做没意思，没有行动力。如果孩子看到父母二话不说，以身作则，自己先行动起来，那么他们也许会被带动，从无奈跟随到慢慢习惯，最后就有行动的热情了。

放下指责，与孩子进行有效的沟通，帮助、陪伴他们，让他们在行动中感受到乐趣和力量。这就是克服拖延的好办法。

孩子沉迷于网络怎么办

有一位家长问我:"我的儿子上高一了,从初三下学期开始就不断地想方设法偷偷带手机去学校。老师和我们一致的态度是发现就没收,而孩子呢?还是持续有这种行为,直接导致学习成绩下滑得厉害。请问老师,该怎么办?"

这位家长问的问题也是很多父母感到头疼的问题。手机似乎成了亲子关系、孩子学习成长的一大杀手。很多父母视手机如毒药,看到孩子一天到晚拿着手机就非常不安,按捺不住愤怒。而孩子呢?千方百计想逃过父母的眼睛多玩一会儿,手机成了对他们最具吸引力的东西。这个矛盾该怎么解决?

要回答这个问题,我先问大家两个问题。第一个问题:究竟是手机有问题,还是其他地方出了问题?手机可以给孩子带来很多满足感,例如可以让他们和朋友沟通,可以满足他们交友的渴望,排解孤独;手机游戏很刺激、好玩,也很有挑战性,可以让他们在通关的过程中证明自己的价值;在手机里,没有人指责他们,他们很有安全感……

　　这些好处对孩子有强烈的吸引力。孩子想要的安全感、价值感、连接，在现实生活中，是否被满足了呢？他们有知心的朋友吗？他们是否得到了足够的肯定？他们的自信心够吗？他们在生活中有没有乐趣？他们有没有被允许做自己喜欢的事情？他们开心吗？他们最需要的是什么？当我们问自己这些问题的时候，也许我们就会对孩子玩手机背后真正的需求有更多的了解了。也许我们会发现夺走孩子的不是手机，而是那些他们没有被满足的需求，手机只是寄托的工具而已。所以，当我们强硬地去没收孩子的手机，强硬地断掉网络不让孩子玩的时候，我们没收的、断掉的其实是他们内心的那份深深的渴望。为什么孩子会那么想要拿回自己的手机？因为手机似乎承载了他们的整个世界，承载了很多他们没被满足的需求。

　　第二个问题：你对孩子的手机世界究竟认识多少？例如，你了解孩子是在看网络小说还是玩游戏吗？他们玩的是什么游戏？这款游戏有什么特点？他们在游戏里的表现如何？与其简单粗暴地制止孩子，不如试着走进孩子的内心，否则只会引起他们的反抗。

　　当我们对以上两个问题有了清晰的答案，我们也许就可以做些改变。当然，我们永远只能改变自己，不要想着改变孩子。只有在孩子被读懂、被理解之后，他们自己愿意改变，改变才会真正发生，真正有效。

这里我给父母几个建议。首先，与其不断地焦虑，不断地生气，无功而返，让亲子关系越来越糟糕，倒不如先静下心来去好奇孩子的手机世界。在网络世界里找到共同话题，这样才有可能找到突破口进入孩子的内心世界。

其次，去感受孩子生命里缺乏什么，思考他们为什么需要到手机世界里去寻找自己的生命力，在现实生活中，我们可以怎样给他们提供这一部分的心理营养。人比手机重要，不要因为过分关注手机而弄丢了孩子对我们的信任。

我们有一位教练，叫董祈奇，他对游戏世界了如指掌，孩子们很喜欢跟他聊天。他通过与孩子聊游戏了解孩子们的真实想法，帮助他们找到自己的梦想。他还开发了一系列微课，帮助父母了解孩子的网络世界。其中，我的一位好朋友听了课程之后，了解了各种游戏的名字和特点。她十六岁的儿子突然觉得妈妈变得新潮了，觉得和妈妈聊天有意思了，从聊游戏到聊更多从来没有表达过的想法，亲子关系变得越来越亲密。也许你还没有兴趣和勇气去学习玩游戏，那最简单的办法就是通过与孩子的交谈，了解他们的网络世界。

再次，我们可以学习成为教练型父母，不刻意去关注手机，而是真正关心孩子在学校过得开不开心、在学习上遇到了什么困难、想成为什么样的人、有没有自己的人生目标、希望爸爸妈妈给予什么帮助等。把重点放在如何陪伴孩子上，协助孩子探索究竟想成为什么样的人、如何为自我的成长负责,陪伴他们解决成长过程中遇到的各种困难。当孩子的关注力越来越多地聚焦在自我成长上的时候,他们就会自然而然地放下手机。

最后,当我们对孩子的网络世界和内心世界有了足够充分的了解后,我们可以更身心合一地去表达自己的情绪、观点、立场,而不是一味地迁就。我非常赞同董祈奇教练所说的:"理解,不代表同意;接纳,不代表支持;开明,不代表纵容。"我们理解孩子的情绪,但也可以表达对孩子行为的不认同。我们接纳孩子累的事实,接纳他们对玩游戏的期待,但也可以对他们一回家就想玩游戏的行为表示不支持。我们可以和孩子讨论玩多长时间游戏合适,也可以告诉孩子我们的底线在哪里。当我们更主动地去了解网络世界,才能对各种网络文化作出更全面的判断,辨别哪些是有害的、哪些是有益的。这样,我们就会更有力量地陪伴孩子去选择更健康的网络文化。

总而言之,主动走进孩子的网络世界和内心世界,站在他们身边,成为他们成长的同盟者、陪伴者、协助者,而非对立者、监督者、控制者,更中正、平静、坚定地与孩子沟通。这也许才是扭转我们与孩子手机大战局面的关键。

教练的视角

1. 每一个孩子都是天生的学习者,没有不爱学习的孩子。当我们看到孩子不想学习了,那是因为他们遇到实际的困难了。

2. 孩子的学习困难有四种:动机困难、情绪困难、能力困难、方法困难。你的孩子究竟卡在了哪里?在他们需要的时候去陪伴和支持他们。

3. 孩子越是遇到困难的时候,越需要我们的相信,坚信我们的孩子一定会找到自己的方向,相信他们只有跨越这些困难才会有真正的成长。我们不急不躁,才能在他们有需要的地方扶他们一把;我们一急躁,也许就会成为孩子学习的另一个新的困难。

第6章
孩子恋爱怎么办

进入青春期,孩子们免不了的烦恼就是感情问题。他们对异性充满好奇,渴望得到关注,想尝试恋爱。但是由于观念的不成熟,他们会失望、失控、挫败。作为青少年教练与父母,我们该如何陪伴他们面对青春期的情感问题,安全度过这个阶段呢?

青春期恋爱的原因

过去，孩子的性成熟年龄一般是在十六、十七岁。可是现在，由于资讯发达和营养过剩，孩子们的发育期整体提前，有的甚至不到十岁就开始发育，但是建立家庭的时间却一直推后。也就是说，童年和成年之间的青春期延长了很多。这是一个非常漫长的过渡期。青春期，孩子们的第二性征开始发生变化，开始慢慢走向性成熟，性激素的增加会形成强烈的性冲动。可是他们的头脑发展仍然跟不上，抑制冲动的能力很弱。他们感到无法应对，感到失控和无助。作为父母、教练，我们要充分理解这一点，要感同身受，同时也要学习慢慢走进他们的内心世界，才有机会帮助他们。下面我们来看看青春期恋爱的一些深层次原因是什么。

第一种：依恋

第一种类型的青春期恋爱是一种依恋。青春期孩子强烈地渴望和某个人在一起，想看到这个人，想跟这个人聊天，看不到这个人的时候会失魂落魄。这是一种非常具有吸引力的爱。作为孩子身边的成年人，如果我们能够完全理解和接纳这是孩子的一种正常的心理需求，他们就能把这种情感充分地表达出来。当他们的情感得到了充分表达，他们也就会慢慢平静下来，看看是否适合去发展这样一段感情。

第二种：性欲

第二种类型的青春期恋爱中存在着性欲。在青春期发生性关系是一件很复杂、麻烦的事情。性教育要提早做，到青春期才做性教育，孩子会很敏感，也会让孩子很反感。我们要告诉女孩，男孩和女孩之间的区别是什么，告诉她们，男孩在和她们交往的时候是有性欲推动的。当女孩还停留在感觉层面的时候，男孩已经开始性的过程了。女孩要懂得保护自己，爱护自己的身体。同时，我们也要提醒男孩要学会负责任，学会尊重女孩。对青春期孩子来说，靠大脑产生的意志来控制自己，对性建立正确的认知很重要。

> **案 例**
>
> 　　一个男生打电话给我,一开始他吞吞吐吐,说今天想跟我谈一个话题,我说:"这一定是你平时很难说出口的。"他说:"是的,我想跟你谈谈我的性冲动,这让我很烦恼。"我说:"这非常正常,我们每一个人都有性冲动。你放心说吧,我会帮你保密的。"接着他讲了整整一个小时。讲完之后,他突然觉得安心、得到理解了,然后就放松下来了。

假如我们能够取得孩子的信任,让孩子觉得性不是羞耻的事情,让他们知道情感和性也是可以与他人交流的,他们也会因此得到放松。除此之外,我们也可以让孩子多参与运动,以此转移他们的注意力。

第三种:对父母的投射

第三种类型的青春期恋爱是对父母的投射。这种情况出现在与父母关系不太好的孩子身上较多。这类孩子从小就感到没有被足够关心,感受不到温暖和爱,在青春期就特别渴望有人来爱自己。在这里特别要提到的是,孩子和父母的关系对他们的两性关系影响很大。爸爸是女孩亲密接触的第一个男性,女孩会从和爸爸的互动中学习怎么样跟男性互动;而男孩会向爸爸学习怎么样做一个真正的男人,学习怎样尊重、爱护女孩。父母在孩子的性教育上起着非常重要的作用。

陪伴青春期恋爱的孩子

假如孩子已经恋爱了，作为父母，我们该怎样去陪伴他们呢？

理解孩子的情感

首先，我们要理解孩子的情感。很多孩子在青春期恋爱这件事情上是有犯罪感的，觉得不光彩。记得我在青春期的时候，我的父母也曾这样对我说："千万不要恋爱，千万不要跟男孩子走太近。"当时我就偷偷做出一个决定：如果我喜欢上了一个男孩，一定不能告诉他们，因为这样的事是不光彩的。如果当时我的妈妈告诉我"喜欢一个男孩是很正常的，我以前也在你这个年龄喜欢过一个男生"，我想，当时的我会轻松很多，甚至会更乐意与父母分享这样的一份感情。

> **案 例**
>
> 女儿高一的时候有一次打电话给我，我接了，对面却没有声音，我问她："你有心事了？"她"嗯"了一声之后就不说话了。我说："是学习上的还是人际关系上的？"她吞吞吐吐地说："人际关系上的，好烦。"我突然明白这可能跟她的感情有关，于是我就开玩笑地说了一句："长得漂亮是很烦的。"她突然好开心地说："妈妈，你怎么知道？"我说："因为妈妈在像你这么大的时候也有这个烦恼呀！"于是她开始向我倾诉，最近班上有几个男生在追求她，她也很想开始一段感情，但是又很担心，各种各样的情绪都涌上来，让她觉得非常烦恼。

我们只有成为孩子的知心朋友，让他们愿意放下顾虑跟我们交流，我们才有可能陪伴他们面对人生的重要课题。

面对孩子的情感

作为父母，我们要直面孩子的情感，学会适当地表达。表达什么呢？表达我们的感受和担心，但不去指责。

> **案 例**
>
> 一位妈妈知道女儿恋爱之后非常焦虑,问了我的意见,我给她提供了一些建议。她告诉孩子:"我相信你的选择,只是我担心你将来出国了,经受不起分离,我怕你会难过。"后来她的女儿出国之后,给她写了一封长长的感谢信。信中,她感谢妈妈当初没有反对她,告诉妈妈自己在当时也知道这样做不对,但这对她初尝青春之爱是一次很重要的体验,而妈妈的态度和积极沟通也让她学会了怎样为自己做选择。

面对孩子的恋爱,我们可以积极地表达我们的感受,同时始终考虑孩子的最佳利益,而不是指责和控制孩子。例如,我们可以说:"当你太早把注意力放在一个人身上的时候,你会因此而忽略很多人,少了很多朋友。"或者说:"我担心的是你们只是因为寂寞在一起,如果两个人还没有成熟就在一起,将来有可能会彼此消耗能量。"又或者说:"我总觉得未来有更优秀的人在等着你。"这些都是积极、中肯的建议。

同理孩子的情感

面对孩子的失恋,我们不要暗自庆幸、幸灾乐祸,而是要感受

第 6 章 孩子恋爱怎么办

他们的痛苦，做他们的守护者，给他们一些适当的引导。我们可以对他们说："一把盐放在一杯水里会很咸，但是放到湖里面就不太咸了。你这次经历的痛苦，如果放在更长的人生里去看，只不过是一个绊脚石而已，跨过去就没事了。"我们也可以对他们说："这次的经历是为了让你等到更合适的人出现，当更合适的人出现的时候，你是不会这么痛苦的。"这些表达都会让孩子感到我们是真正关心他们的，我们在与他们共渡难关。我们也要鼓励孩子从小多结交朋友，同性、异性的朋友都要结交。这样孩子就会把与异性交往看作常态，而不会觉得异性过于神秘，也能以更平和的态度来看待异性了。

教练的视角

1. 青春期恋爱是青春期孩子对爱与连接的深层需求的体现。当孩子的这种需求被读懂了、表达出来了，他们会在心理上得到很大的满足。

2. 青春期的情感单纯又美好，但如果处理不当，也会青春期孩子带来伤害。他们非常需要得到父母或教练的指引，需要我们和他们一起探讨什么是真正的爱情。

3. 当我们陪伴青春期孩子发展出理性认知，我们就会成为他们精神上的朋友，陪伴他们度过这个苦涩而又美好的人生阶段。

第 7 章
培养高情商少年

　　高情商是一个人获得成功的关键能力。青少年时期是情商培养的重要阶段，如果一个孩子拥有足够高的情商，不仅会让他在青春期过得顺利，更会让他在未来的生活和工作中享有更大的自由和幸福感。这一章，我们将重点讨论青少年时期的情商培养。

高情商少年的四种能力

一个人的情商包括四个方面的能力：情绪的觉察能力、情绪的描述能力、情绪的灵活处理能力和理解他人情绪和意图的能力。

情绪的觉察能力

高情商孩子的一项很重要的能力是情绪觉察能力。可有些父母很害怕孩子有情绪，孩子一有情绪，就想马上制止他们。他们不希望孩子哭，害怕孩子生气，把孩子的情绪看作不懂事、有问题的表现。这样，父母不仅没有觉察到孩子的情绪，也阻止了孩子觉察、了解自己的情绪。

情绪是什么呢？情绪其实是一种能量，没有好坏之分，有情绪才有生命力。另外，情绪有两个特性：一是可以流动；二是可以转化。

当孩子有情绪的时候，要马上觉察并且允许这种情绪的流动，而不是呵斥、制止他们。试想一下，如果一个孩子在哭，一般情况下是因为委屈、伤心等情绪来了，这个时候我们只需要告诉孩子："我知道你很难过，你想哭就哭吧。"往往孩子哭着哭着就会慢慢停下来。但如果我们大声呵斥孩子："哭哭哭，一天到晚就会哭……"孩子就会被吓到，更大的恐惧、委屈甚至是羞愧感就会出现："我哭是不对的，我不够好，爸爸妈妈不喜欢我这样。"这样就会形成创伤。情绪能够流动起来是件好事。情绪的流动一旦被制止，就会在孩子心里形成创伤，也就是我们常说的被"卡"住了。

了解情绪的特点是非常重要的，要让孩子知道情绪没有好坏之分。正面情绪是滋养生命的，负面情绪是帮助我们成长的。让孩子不要害怕情绪，迎接它、面对它、解决它，这样就会有所成长。

情绪的描述能力

当语言储备有限的孩子情绪来了的时候，会脱口而出很重的话。这些话的背后其实是"我很挫败""我很难过"。鼓励并教会孩子表达情绪是非常有意义的。我常常会用以下方法帮助孩子增强对情绪的描述能力。

画画。我常常带着青少年画一些有关情绪的画，让他们尽情地用各种颜色把自己的情绪画出来，然后交流。这样孩子通常能更好地表达情绪。他们会说："我在这里用了红色，因为我感觉很愤怒。""我在这里画了黑色,因为这段时间我感觉晕乎乎的。"这样的交流会让孩子积累更多描述情绪的词汇,而且描述也越来越精准,而不只是会"我开心""我不开心""我生气了"等这类笼统的表达。

多做隐喻练习。我们平时可以和孩子一起玩情绪隐喻游戏,例如问他们不同的情绪像大自然或者生活中的什么事物。你可能会听到"愤怒像一团火烧到喉咙里了""快乐像跳跳糖""伤心像拧巴着的湿衣服"等。你也可以问他们不同的颜色让他们想起什么情绪。他们可能会说:"红色的感觉是愤怒""红色代表快乐"……这样,孩子对自己情绪的描述会越来越丰富、细腻。

做情绪卡片。我们可以邀请孩子一起做一些情绪卡片,画上一些图案,写上一些文字描述,不同的情绪用不同的卡片。孩子每天回家后,家里每一个人都选三张卡片代表自己今天有过的情绪,然后全家人进行交流。这样的活动不仅能够帮助孩子描述情绪,还可以大大增进家庭成员之间的沟通。

情绪的灵活处理能力

高情商孩子能够更快地从一个特定情景转向另外一个特定情景,例如从下课到上课,能够马上切换状态,专注下来。高情商孩子的转念能力很强,总能看到资源,总能够关注正面、积极的事情。

在青少年营里，我常常会教他们怎样正面思考问题，怎样打破思维的局限性，看到自己的内在资源。比如 NLP 的"破框法"就是非常棒的转念方法。我们可以跟孩子交流什么样的信念可以帮助他们获得快乐，例如"一切都是最好的安排""这样说不定更好"。当孩子遇到困难的时候，能对自己说一句"这样说不定更好"，他们就更容易把关注点放在如何运用已有资源来创造更好的结果上，事情往往就会朝好的方向发展。

理解他人情绪和意图的能力

举个例子，有人在背后拍一下，高情商的孩子转过身去，会好奇：谁在拍我呢？发生了什么？理解他人情绪和意图的能力较弱的孩子则会暴跳如雷。前面我们提到的萨提亚的冰山模型就是一个帮助孩子更好地理解他人情绪和意图的工具。

> **案　例**
>
> 　　一个女孩跟我说班上的某个男同学很讨厌，经常夸大事实，在学校和家里说她的坏话，让她非常生气。所以她带动全班的同学孤立这个男同学，结果她被学校停课几天反省。这个女孩来到工作室和我聊天，觉得自己很冤枉。后来我带着这个女孩去画那个她讨厌的男同学的

> 冰山。一开始她只看到他令人讨厌的行为，当她往冰山下部画下去的时候，她逐渐看到了冰山底层男同学的"自卑""难过""没有人喜欢我""没有人理我""没有人爱我"的想法。她突然感受到男同学的孤独和无助，内心升起了一丝同情。

除此之外，感知位置平衡法也可以帮助孩子站在他人的角度看问题。这些工具和技巧都可以应用在培养孩子理解他人情绪和意图的能力上。

面对孩子的情绪

青春期是孩子情绪波动极大的阶段,父母也会被孩子的情绪牵动,产生自己的情绪。这个时候我们可以从以下四个步骤来处理。

第一步:觉察自己的情绪

很多父母总是盯着孩子,而对自己的情绪毫无察觉。但是只要父母认真观察孩子的情绪状态,就会发现孩子的情绪状态常常跟父母其中一方的非常相似。比如,一个小男孩总是暴怒,我们可能会发现他的爸爸或者妈妈也经常这样。当孩子有情绪的时候,我们要先觉察自己的情绪:"原来此刻我也在生气。"觉察后先处理自己的情绪,通过深呼吸或者到洗手间去看着镜子数10下,让自己平静下来,再和孩子沟通。

我曾经有一名学员,她有段时间常常无故被自己三岁的女儿不断拍打。但这位妈妈非常有觉察力。她首先觉察到自己有点生气,也有点茫然。当她注意到自己的这部分情绪的时候,就用深呼吸的方法让自己平静下来,接着问孩子:"是不是生妈妈气了?""是不是妈妈做的什么事情让你不高兴了?""你是不是害怕了?"当她提出这些问题时,她才发现,原来孩子是害怕失去妈妈,所以用拍打的方式来表达她的这种害怕。当我们首先能够觉察自己的情绪,并且快速地去处理好自己的情绪时,我们就可以觉察到孩子的情绪,并且把处理情绪当作增进亲子关系的好机会。

第二步:觉察孩子的情绪,帮助他们有效地表达

很多父母不会理会孩子的情绪,以为过一会儿孩子就好了,但这样孩子往往会越来越生气。孩子产生情绪不是为了为难爸爸妈妈,而是有一个内在声音:"我想要和你们沟通。"当孩子生气的时候,我们不妨这样想:"孩子显然有话要跟我说,但是又不懂怎么说,让我来了解一下孩子想说什么吧!"当我们把孩子的情绪当作他们发出的渴望沟通的信号的时候,我们就有了一次走进孩子内心世界的机会。

有时候孩子是不知道怎么表达情绪,我们可以帮助他们为情绪命名。例如,我们可以说:"啊,我理解了,显然你很生气,因为你觉得我们答应过你的事情没有做到,所以你很生气,是吗?"这时候,我们就是在帮助孩子,把他们自己并不清楚的情绪用语言清晰地表达出来。又如:"我理解了,你很失望、难过、担心。"当我们

说出孩子的情绪,并且给情绪命名,他们就会正面地看待情绪,知道有情绪很正常,这对孩子会有明显的安抚作用。

第三步:有效引导,提高孩子的情商

有一次在青少年营里,一个孩子打了人之后很难过。我问他:"我看到你很内疚,我猜你是不想打人的,但总是控制不住自己,对吗?"孩子不断点头:"是的,是的,是的!"当他慢慢平复下来后,我就跟他谈论怎样管理好自己的情绪。原来,这个孩子以前每次来青少年营都会以打架告终,他为此很懊恼,总是觉得自己处理不好人际关系。而那次和我深谈过后,第二年他再来青少年营,整个人就完全不同了,一次架都没有打。当情绪平复下来,理性就开始工作了。这时候,我们可以跟孩子讨论哪些是可以做的,哪些是不可以做的,怎样做会更好。孩子的大脑已经准备好要思考了。

平时我们还可以制订一些规则,清楚地告诉孩子,他们的行为是有界限的。例如,我们可以借鉴红绿灯的原则,告诉孩子一些行为是被鼓励的,叫"绿灯行为"。例如当情绪来的时候,跑跑、跳跳、画画,这些都是绿灯行为,是被鼓励的。但有一些行为是不被鼓励但可以被接受的,例如大声尖叫,叫"黄灯行为"。而有一些行为是绝对不可以的,叫"红灯行为"。例如,生气的时候扔东西、打人。当孩子情绪爆发之后出现红灯行为时,我们可以说:"刚才你出现了红灯行为,对吗?这是不被允许的,请你想想有什么更好的做法。"这样我们可以帮助孩子思考怎样更好地面对自己的情绪,采取更积极的行动,在让自己的心情好起来的同时,让结果有所不同。

看看在下面这段对话中,孩子的妈妈是怎样帮助孩子更好地处理情绪的。

孩子:"我不要写作业。"

妈妈:"我听到了,你不想写作业,我知道你觉得很烦。"

孩子:"是好烦呀,作业太多、太难了,我好累呀。"

妈妈:"你的作业很多、很难,让你感觉到很累,我甚至感受到你背后像压了座小山似的。"

孩子:"是呀,妈妈,你太了解我了。"

妈妈:"作业那么多当然很累,我很想你马上可以休息,但是我又担心你如果不做作业,明天会被老师批评,怎么办呢?"

孩子:"是呀,我也很担心。"

妈妈:"你需要我怎么帮助你呢?"

当父母这样跟孩子对话时,孩子就会慢慢平静下来,他们就会开始思考如何解决问题。成为教练型父母会让我们在孩子有情绪的时候更平静,也更有智慧。在我们的正确引导下,孩子的情商也会慢慢得到提高。

帮助孩子正确处理人际关系

我问过很多父母,孩子的人际关系不好有什么样的表现。他们会说:喜欢打人、总被其他孩子欺负、总是一个人玩、不跟别人打招呼、说话时眼睛不看人、总喜欢打断别人说话……父母谈到这一点的时候,说的都是行为层面的表现。

而当我问孩子同样的问题时,他们会说:和朋友没有共同话题、不被朋友喜欢、和别人不同、被孤立……在这些回答中,我们听到的是孩子提出的担忧和困难。

许多父母有一个习惯,即因为孩子的某种行为就给他们贴上"人际关系不好"的标签。在正常情况下,孩子的人际关系是不可能差的。因为每个人天生都渴望连接,青少年更是如此。青少年有很强烈的情感需求,想努力追求良好的人际关系。假如你发现孩子的人际关系不好,那并非他们不想好,而是他们遇到了实际的困难。那么,青少年在人际关系上通常会遇到一些什么样的困难呢?

生命层面上的困难

第一种困难是生命层面上的。前面我们提到人有五大需求：安全感、爱与被爱、价值感、连接、独立自主。这五大需求缺失任何一个，都会影响到人际关系。

> **案 例**
>
> 有一个高中男生学习成绩非常好，可是全班人都不喜欢他，常常误解他。我跟他细谈之后才知道，他父母离异，总忙于做自己的事情，他从小就没有人理会，感到很孤独，只有一头扎在学习上，因为当他学习成绩好了，爸爸妈妈也许会高兴一点。他想通过学习引起爸爸妈妈的注意，但是他不敢跟同学更多地来往，因为害怕失去和被伤害。在这个孩子身上，我看到的所谓人际关系不好，实际上是一份对爱的深深渴望。

我想问问父母：你们夫妻之间关系好吗？你们有没有给孩子足够的肯定？是否给了孩子安全感和温暖？孩子人际关系的好坏受家庭的影响是最大的。

在五大需求中，"连接"这一需求更多来源于妈妈。也就是说，孩子在人际关系上的表现更多的是受到妈妈的影响。妈妈如果足

第 7 章 培养高情商少年

够安定、温暖、慈爱,孩子的内心就会被深深地滋养;相反,如果妈妈很焦虑、强势、情绪很容易波动,或者是很冷漠、疏离,孩子就容易承接妈妈的这份情绪能量,在人际关系中不知道如何是好。作为父母,我们首先要"修"的是自己。我们的内心温暖了,孩子就会感受到温暖。哪怕是离异家庭,父母也可以对孩子产生积极影响。如果我们始终坚持给予孩子温暖的爱,他们也会从我们身上学习到什么叫真正的爱。因为被善待过、爱过,他们也会对别人充满善意,也会懂得感恩。一个会感恩的孩子,内心会充满力量,人际关系也会好。

能力层面上的困难

第二种困难是能力层面上的。孩子来到世界上,一直都在学习,包括人际关系。遇到从来没有接触过的人际关系,他们就不知道该怎么处理了。这个时候,作为教练型父母,我们可以尝试帮助孩子深入他们的内在世界,看看他们"卡"在了哪里。我们可以尝试通过深层次聆听和有效提问,去看看、听听他们的情绪是怎样的,他们的想法是怎样的,也可以去看看他们内心的期待和渴望是什么,然后和他们一起讨论如何做才能够真正满足自己的渴望。

案 例

我女儿在初二的时候有一天突然给我打电话,哭得很伤心地跟我说:"妈妈我不想活了,我不想上学了。"我问她究竟是怎么回事,她说:"某某某不理我了。"父母听起来会觉得很好笑,但对于孩子来说,那是她的好朋友,在她心目中,最好的朋友不理她成了她的一个定时炸弹,是一件天塌下来的大事。那个周末我同她一起处理这件事情。我先让她尽情地表达、尽情地哭,让她的情绪得到充分的宣泄,让她表达自己的委屈、悲伤、难过。当她的情绪得到充分表达之后,我再和她一起讨论她怎么看待她和好朋友之间的关系,为什么好朋友不想理她了,好朋友是怎样想的。女儿慢慢平静下来。

接着我问她:"你内心真正想要的是什么?"她说:"我想得到更好、更多的友谊,我想有人爱我,我想有人理我,我不想孤单。"这个时候我使用了"未来景象法",让她想想半年之后她期待出现的一个情景。她"看"到半年之后,在教室里,她和很多同学在一起玩,很多同学都很喜欢她,她成为一个非常受欢迎的女孩。女儿"看"到这一幕的时候笑了,我问她有什么发现,她说:"也许这是一件好事,因为以前我只会跟这个好朋友玩,而忽略了班上的很多同学,其实他们也很想和我交朋友。也许这件事情的发生反而可以让我认识更多同学,结交更多的好朋友。"说着说着,她高兴地笑了起来。大概一个月之后,她果真拥有了很多新朋友,人际关系越来越好,梦想成真了。

父母不要把孩子的问题当作问题,而是把它看作一个困难或挑战。当孩子出现一些所谓人际关系不好的行为的时候,我们应当感受到的是孩子遇到困难了,需要我们陪伴他们一起解决困难。特别是在孩子的一些重要转折阶段,如初一、高一。对于新的班集体和老师,孩子需要重新适应,这个时候就特别需要我们成为孩子的朋友、教练,帮助他们跨越难关。当他们跨越难关之后,就会获得一份真正的能力和一份真正持久的人际关系。

行为层面上的困难

第三种困难是行为层面上的。孩子不知道什么样的行为是正确的、可以改善人际关系的。这个时候，父母的榜样作用就变得非常重要，孩子会从父母身上学习怎样跟别人相处。假如你的孩子有些行为是你不喜欢的，先问问自己：我也有这些行为吗？我是否也能做到热情大方？我是否也愿意去帮助别人？我是否也喜欢融入集体？我是否也在人际关系上处理得很好？当你问自己这些问题时，你也许会发现，孩子就是你的镜子，你做不到的他们也做不到。所以我们要从自己做起，做孩子的好榜样。当看到父母是抱持着一份感恩之心对待每一个人的，孩子一定会受到感染，也就能更好地处理人际关系，在人群中成为受欢迎的人。

教练的视角

1. 每个人都渴望与这个世界上的某个人有所连接，这份连接感最初源于孩子儿时与母亲的连接。当孩子在很小的时候被充分地呵护、被无条件地接纳，孩子就会产生深深的安定感与连接感，温暖一生。

2. 青春期是孩子第二次强烈渴望连接的时期，如果孩子的这份渴望在儿时没有得到满足，在这个时期会尤为显现。青少年既想独立自主、推开父母,但同时又极度渴望父母的理解、接纳,渴望在难过时有父母的聆听、安抚。

3. 如果父母能在青少年表现得不够好,甚至带着恶意时,仍然能感受到他们的脆弱、恐惧与渴望,只是做一名聆听者、守护者,用温暖的爱来陪伴他们,也许不需要任何语言,只需要一个真诚的拥抱、一个平静而温暖的目光,他们就能感受到这份连接。

第 8 章
孩子没有自信怎么办

作为青少年教练或父母,最重要的任务不是教会孩子什么,而是激发他们的自信,帮助他们找到自身的潜能与天赋,让他们发展出对自我负责的意识,从而有力量地成长。

唤醒自信，让孩子勇敢前行

Performance（P）=Potential（P）−Interference（I）

绩效 = 潜能 / 天赋 − 干扰

这是我们在给青少年做教练时，帮助孩子最大程度地发展自己的潜力、获得自信与取得成功的重要公式。

每个孩子都有自己独特的天赋和潜能，我们要和孩子一起讨论在什么情况下他们的潜能最容易被激发出来，而阻碍他们发挥潜能的干扰有哪些（这里的干扰主要指内在干扰），即讨论他们的 P 和 I 是什么。

青春期孩子的内在干扰通常很多、很大。孩子面临的干扰可能与情绪状态有关,如因学习压力而产生的担心和焦虑、因同学关系而产生的失落情绪等。除此之外,他们还面临着信念层面的干扰,比如一些偏激性想法:"老师不公平""同学不喜欢我"……这些偏激性想法会给他们造成较大的内在干扰。还有一类干扰是与同学比较,觉得自己不如人。除此之外,孩子也因为太希望得到父母、老师等权威人士的认可而受到干扰,也不断受到自我否定的干扰等。常见的潜能(天赋)和干扰如下:

P
快乐、全身心投入、有坚定信念、目标清晰、与周围人关系好……

I
心情沮丧、担心、焦虑、同学关系压力、不喜欢学校和老师、没有目标、太在乎父母和老师的认可、心意散乱、在乎得失、和他人比较……

太多的干扰会成为孩子成长的巨大包袱。试想一下,孩子在非常努力地前行,想达到自己的目标,可是背后却背着一个巨大的包袱,让孩子在往前走的时候非常累,走得越来越慢。假如孩子能够排除干扰,放下包袱,让自己更加平静安定,那么就更有可能发挥潜能,达到自己的巅峰状态。

作为教练或教练型父母,我们该怎样帮助孩子排除干扰呢?我们能做的就是让孩子感受到我们是相信他们的,让他们放心做自己。有智慧的父母常常会这样跟孩子沟通:"你尽管去做你喜欢的事情,失败了我们和你一起承担!"这样孩子就能尽情地追逐自己的梦想,勇敢地前行。

在给参加中考、高考的孩子做考前焦虑辅导时,我常用到的一个技巧是让孩子在心里邀请自己生命中重要的人给自己讲一些自己想听到的话。几乎每一个孩子都会邀请父母,期待父母对他们说:"失败了不要紧,尽力就好了。""哪怕你失败了,你还是我们最好的孩子。"孩子多么期待父母能够接受他们的失败,能够接受他们不够好的事实。当他们看到父母能接受自己最差劲的样子时,他们就有勇气安心做自己。

循序渐进培养孩子的自信

下面我们来看看孩子的自信是怎样被培养出来的。孩子自信的形成会经历五个阶段。

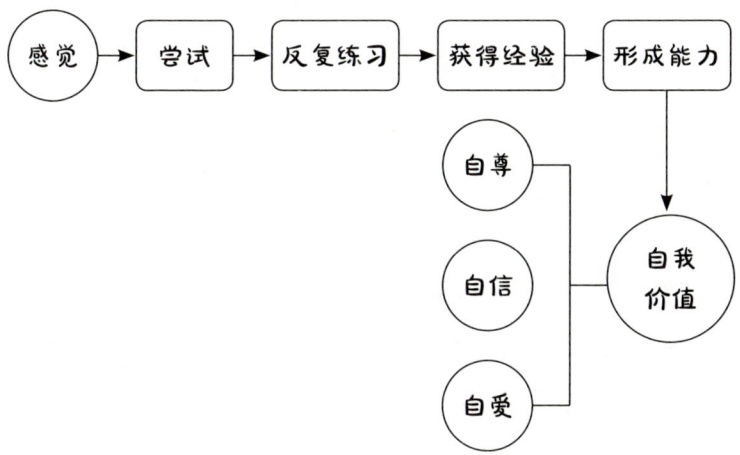

孩子自信的起点是"感觉",下一步是"尝试",接着是"反复练习",然后是"获得经验",再下一步是"形成能力",这五步最后会形成孩子的"自我价值",包括"自尊""自信""自爱"。在这个过程中,"肯定"是贯穿全程的重要因素。

以孩子学走路为例。一开始,孩子对学走路这件事情产生向往。有向往的感觉之后,孩子就开始尝试,尝试的时候孩子会一次次跌倒。在这个过程中,父母不断鼓励孩子站起来,给孩子很多肯定,所以孩子愿意反复练习,慢慢就找到走路的感觉,形成了经验,最终培养出走路的能力。当孩子成功走出人生的第一步时,所有人为之鼓掌,孩子就会越来越自信。

自信形成的起点就是好的感觉。对一件事情感觉好,孩子才会去尝试。那么,父母在孩子自信形成的过程中能够为孩子做些什么呢?

首先,我们要培养孩子对学习某一样东西的好感,这是自信产生的起点。就学习而言,我们要好好想想怎么能够让孩子对学习感觉良好,而不是去催促他们学习。催促只会让他们感觉很不好,从而对学习产生抗拒心理。

其次,为孩子创造更多尝试的机会,给他们一些挑战,让他们可以在做到后得到肯定。我女儿小学时,我们没有太多关注和培养她的技能和特长。到了初中,我发现她好像不太自信,她觉得自己没有什么特长,很平庸。在发现她在运动上有天赋后,我们创造机会让她进了校游泳队,没想到她进步很快,还在省级比赛中拿了奖。这对女儿来说是让她感到自豪的一件事情,也是让她恢复自信的一个重要经历。我们可以为孩子创造更多机会去尝试、去接受挑战,让他们通过做到而得到自我满足。

培养自信还有最关键的一步,就是我们要在整个过程中给予孩子更多的肯定。肯定不是简单的夸奖:"你很了不起!""你真的很厉害!"这些夸奖很虚、很空。那么我们该如何正确肯定孩子呢?

第一,我们可以肯定孩子的感受。我们可以说:"我感受到你好像不大开心。""我感觉你最近有点焦虑,有点担心和害怕。"这样,孩子就会觉得他们的感受被肯定、被看到了。

第二,我们可以肯定孩子的想法。我们可以说:"你这个想法不错,你怎么会想到这个呢?"这样,孩子就会感觉到被尊重、被肯定。

第三,我们可以肯定孩子的动机。例如孩子打架了,这个行为本身是不值得肯定的,但我们可以肯定行为的动机。我们可以这样跟孩子沟通:"我猜你很想得到同学的理解,对吗?""我猜你觉得这样做很酷,很有男子汉气概,是吗?""你为女同学打抱不平,对吗?"这样,孩子就会知道自己被看到、被理解了。

最后,我们可以肯定孩子所谓的问题。例如,我常常跟一些孩子说:"我看到你很敏感,这份敏感可以帮你做很多的事情,比如可以帮助你更好地处理人际关系,将来你可以成为一名心理咨询师,因为你比别人更加敏感,可以更好地洞察人性。但如果你把这份敏感用在攻击自己或者别人上,你就会过得很辛苦。"孩子会觉得这种肯定很真实,他们会看到自己的天赋和才华,也会知道怎样真正运用好这些天赋和才华。

培养孩子的自信,需要让他们多做,多做到,多因做到而得到肯定。让他们多点尝试,在尝试的过程里做好充分的准备,因充分准备而更容易做好,体验成功的感觉,最终因为多次做到而得到充分的自我肯定。

帮助青少年进行人生规划

如果青春期孩子能越来越清楚自己的人生理想，找到自己的成长目标，那么他们将能安全度过青春期，并且将青春期的那份躁动转化为前进的动力。我每年都会在青少年营引领青春期孩子寻找内心的梦想，帮助他们探寻自己想要的人生，很多孩子因此发生了非常大的改变。很多父母也知道了梦想对于孩子的重要性，所以非常急于帮助孩子找到梦想，但在问孩子梦想是什么的时候，得到的答案却是"没有！"。其实，帮助孩子寻找梦想的过程是很美好的，其中，我们要注意以下几点。

第一，树立梦想时不要有任何的功利心。梦想一定要是孩子自己的，而不是父母或老师的。孩子的梦想即便很难实现，却可以用来激发生命力，能让他们感觉自己生而有希望。无论孩子告诉我们他们的梦想是什么，我们都要带着好奇、欣赏、热情的态度去回应，这样孩子才会觉得我们想真正了解他们，珍视他们的想法。

在青少年营里，一个孩子说他的梦想是当老板。当时，他的父母觉得他的梦想很可笑，以为他想管人，甚至觉得他有点俗气。那个孩子很认真地告诉父母："我要当的老板跟你们想的是不一样的，我要让我的员工因为我的存在而感到幸福，我想帮助更多的人。"孩子的梦想其实很伟大。

第二，孩子的梦想是会变的，但没有关系，我们只需要听到孩子每个阶段的内心需求即可。例如，我女儿小时候说长大要当送奶员，送不完，可以自己喝；后来又说想当兽医、想开宠物店、想当宠物服装设计师；再大点又想当外科医生……跟随着孩子的想法，和他们更纯粹、更愉快地聊聊，我们也许会发现很多有意思的信息。不要把梦想这个话题搞得太严肃。

第三，梦想的呈现方式有很多种，可以利用视觉、听觉、感觉让孩子从潜意识里感受到梦想的力量。未来景象法是我常常用来激发孩子内心梦想的最简单、有效的工具。我会引导孩子想象三年、五年，甚至十年后，他们最渴望实现的梦想实现后，他们会看到、听到、感受到什么，自己在做什么，身边有什么人，周围的环境是怎样的等。让孩子得到一份身临其境的感受会让他们对梦想的记忆更深刻，也会让他们更有实现梦想的动力。

对于一些即将进入大学或者即将进入社会的青少年，职业发展规划是非常重要的。人在体验中才会找到感觉，才能确认自己真正适合的发展方向。这个过程一半是主动，一半是机遇。年轻人需要历练才能真正找到自己的内心所需，急不来，哪怕一开始没有选对最适合自己的职业，也没关系。一份理想的职业规划是能让孩子的能力、兴趣与价值三个方面相结合的。我们可以与孩子一起探讨，帮助他们找到什么是他们擅长的、感兴趣的、有价值的。

做擅长的事情

我们可以观察孩子从小最容易做到的事情是什么。人有很多天赋，如同理心天赋、教育天赋、逻辑天赋、沟通天赋、建构天赋、体能天赋、直觉天赋、艺术天赋……哪一个天赋是孩子从小就相对比较明显的呢？如果能让孩子利用自己的天赋和才华，做他们擅长的事，他们就会更容易成功，也更容易获得自信。

我曾和一个11岁的男生聊天，我问他喜欢玩什么游戏，他说喜欢玩《我的世界》。通过这个游戏，我了解到他喜欢有空间感的世界，喜欢自己做主，喜欢漂亮的设计。后来我对他说："你有建构天赋，说不定你将来能成为一名优秀的建筑设计师呢！"他听了后两眼发光，非常感兴趣。于是我鼓励他多看这个方向的杂志、图片，多了解相关的资讯，把脑袋里的想法画出来。

做感兴趣的事情

如果孩子将来做的事是他们爱做的,他们就会非常有乐趣。我的侄子小时候很喜欢玩机器人,喜欢研究机器。高考前,他看到东北大学获得了全国大学生机器人大赛冠军的消息,非常崇拜,于是报考了东北大学,到大学后立志要加入机器人设计队伍。大学期间,他大部分时间都在实验室和"战友们"研究机器人,甚至节假日都不舍得离开。后来,他代表学校参赛,连续三年拿到了全国第一,代表国家参加国际比赛,多次获奖。因为热爱,所以忘我;因为忘我,所以有所成就。你的孩子内心的热爱是什么呢?什么事情是让他们狂热心动的呢?

做有价值的事情

如果孩子做的事是可以更好地服务于他人的,是有社会价值、适应社会发展需要的,他们会更有成就感。我们可以多让青少年思考,在自己喜欢和擅长的范围里,可以做些什么对社会有用的事。

一个男生告诉我,将来他要用音乐来帮助那些生活在黑暗中的人,让他们感觉到温暖,感受到人生是有希望的;还有一个高中生告诉我,她将来要成为一名国际护士,帮助和服务这个世界上有需要的人；另一个高中生告诉我，将来她想学心理学，从事心理辅导工作，唤醒人心的善良。听着孩子们一个个胸怀天下的理想，我常常感动不已。正因为他们找到了自己活在这个世界上的价值与意义，他们的人生格局才会从此不同。

当孩子越来越清楚自己想要的未来是怎样的之后，我们可以继续陪伴他们探索，在通往未来的道路上，给自己的一句鼓励的话是什么，需要培养什么能力，需要什么支持等。这样，孩子就能一步一步活出自己想要的人生。

我现在接的青少年教练个案，很多都是孩子主动找我的，想让我陪他们进行未来职业规划。他们不想自己未来变得平庸，想克服自己的惰性，变得专注、有力量，这让我非常惊喜。作为教练型导师，我期待更多的父母实现自我成长，成为孩子的教练，托举起他们的生命，让他们更有力量！

教练的视角

1. 教练的作用在于帮助孩子找到自我潜能最佳的发挥方式，帮助他们找到自己成长的干扰项。

2. 培养自信的起点是好的感觉，即培养孩子做某件事的兴趣与动力。

3. 孩子只有通过自己的努力做到某件事情，才会由内而外地获得真正的自信。教练在这个过程中最重要的是给予孩子持续的肯定。

4. 孩子的梦想与人生规划是成长的重要激励。父母需要不断成长,当父母拥有教练的状态与能力时,将能陪伴甚至引领孩子走向更宽广的未来。

# 第 9 章
教练个案实录

  这些年，我为无数青少年做过教练，以独特的谈话方式陪伴他们成长。为了让大家对青少年教练工作有更直观的理解与感受，这一章我将分享几篇我的青少年教练工作个案实录。

| 青少年成长教练

孩子没有学习动力

我接待了一对父子。男孩读初一,父亲之前与我在微信上有过交流。父亲非常焦虑,觉得孩子没有学习动力。用他的话说就是"他也不跟你对着干,反正就是你要我读书,我就应付一下你,你不盯着我,我就随便做做样子。你给他讲道理,他也听着。给他提要求,他嘴上应着,转身又是老样子。我们急得要命,他却一点感觉都没有"。为了改变孩子的学习状态,他们把孩子从学校接回家住,早晚接送。可孩子到每天深夜也无法完成作业,状态反而越来越差。

一个周六的上午,我见到了这个孩子。孩子话不多,只是瞪着大人的眼睛好奇地观察着我和工作室,比较紧张。之前因为担心孩子不肯来,所以孩子爸爸告诉他是爸爸妈妈自己想来参加我的父母课程,需要他协助做调查。这位爸爸很聪明,让孩子感觉自己是来帮爸爸妈妈成长的。我这就开始了"调查"。

"爸爸妈妈感觉到对待你的方式不太对,他们很想有所改变,但不知道怎么改,所以来参加我的父母课程。为了让爸爸妈妈能更好地成长,你愿意跟我聊聊吗?"他点了点头,眼里还有点疑惑。

我问了一些他们平时亲子沟通的问题,孩子的话很少,我只能从只言片语中捕捉信息。每当一提到希望爸爸妈妈有什么改变时,他的眉头就紧锁起来。

我说:"你好像有很多话要讲,但却无法讲出来。"他拼命点头。于是我拿出几个木头人,让他选出代表自己、爸爸、妈妈和学习的。我问:"如果要你凭感觉移动这些木头人,你会怎样摆放它们的位置?"他第一时间想把"学习"放在"我"的头上,"学习"把"我"的头压住了,但由于放不稳,就改为压在"我"身上。然后我问:"那爸爸妈妈的位置呢?"他试图把"爸爸""妈妈"也压在"我"身上,但由于木头人很小,身上放不下三个木头人,于是我把它们扶起来,让这三个木头人围住"我"。他点点头:"这样也可以。"这样就形成了一个密不透风的状态。孩子赶紧把"我"的脸朝向后面。

我问他:"你喜欢玩游戏吗?"他说:"喜欢!"这时,我把代表游戏的木头人放上来,他马上把"我"的脸朝向"游戏"的方向,目光被"游戏"强烈地吸引着。

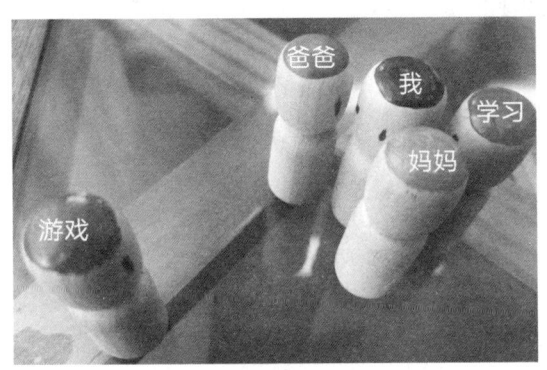

这时,我问他:"如果让你按自己喜欢的方式重新摆放这些木头人的位置,你会怎么放?"他立马把"爸爸""妈妈"的位置拉远,然后让"游戏"进来。让我惊喜的是,"学习"一直在"我"身后,这代表他觉得学习也很重要。

我问他:"现在感觉怎么样。"他说:"轻松

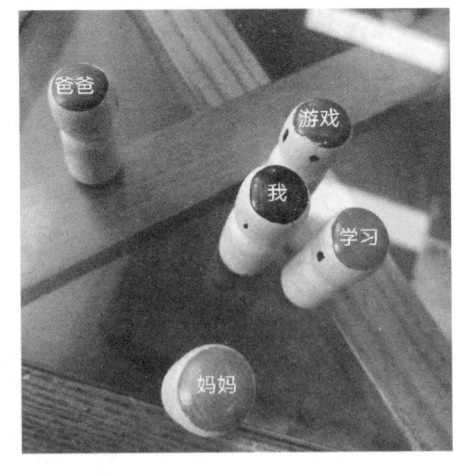

了,可以呼吸了。"我试图把"学习"拿开,他说:"不行,'学习'走了就空荡荡的了。"我又问他:"还有什么是你喜欢的、可以支持你的?"他说:"运动。"于是,我又把代表"运动"的木头人请进来。"运动"进来后,他无

意识地把"游戏"和"我"的距离又拉远了一些,但"学习"一直紧跟其后,最后形成了这样的画面。

孩子告诉我,他觉得学习很重要,只是科目太多,学得很艰难,没有信心了。他曾经也有过攻克一道难题后的快乐,但这样的时间不多,所以他形容学习像一阵风,有时是微风,学得好时让他神清气爽;有时又是狂风,学得不好时刮得他阵脚大乱。孩子是多么想学好啊!

接着,我问他最喜欢的科目是什么。他说是历史。于是我跟他谈历史,谈他喜欢看的书。后来,我给了他反馈:"谁说你是个不爱学习的孩子?我发现你有很强的学习能力,学习的范围也是很广的!所有你从书本上、生活里体会到的,都是学习。而且你对文科这么有感觉,说不定将来会在这方面大有发展,也许可以成为

历史学家、文学家、哲学家。你还这么年轻,这些都很有可能哦!只是你现在遇到了一些实际困难,这些困难需要你跨越。你也需要爸爸妈妈的帮助,但是你需要的是一种更轻松、有效的帮助,而不是压抑的帮助,对吗?"他不断点头,眼睛越来越明亮。

后来,我把这个过程分享给了爸爸,爸爸恍然大悟:"确实是我们太焦虑了,抓他抓得太紧了。我们越紧张,他就越抗拒;他越抗拒,我们就越紧张。我们被困在一个死循环里,自己都不知道,要松绑呀!"

当有了空间,空气就可以进来,真正的学习就会发生。

学习的意义

11岁的恒恒(化名)第三次来做教练了。第一次我们处理的是他与父母的关系,第二次是帮助他找到自己内心的梦想,这次他竟主动提出:"我们来谈谈学习吧!"我一听,暗中惊喜,这可是他过去避而不谈的话题。

以下是我们的对话:

我:"好,我想先听听你对学习的看法。"

恒恒:"我感到很困惑,明明知道要学习,但却一点兴趣都没有,一看练习题与课本就很厌烦,但我知道不学不行,所以只能逼自己学下去,这样太痛苦了。"

我:"听起来你是不得不学。"

恒恒:"是不敢不学。"

我:"不敢?你害怕什么?"

恒恒："现在的社会竞争这么激烈，压力这么大，不知道赚多少钱才算够用，就算是千万富翁也可能很快就挥霍光了，哪怕你再厉害，也有好多人比你强……"

我："嗯，你是害怕将来活不下去，还有比不上别人？"

恒恒："对，所以我觉得学习很恐怖！唯一的目的就是考试与成绩，每个人都像考试机器，感兴趣的又学不到，这样下去又有什么意义！"

我："所以你感觉现在的学习像什么？"

恒恒：（停顿片刻）"像激素！"

我："哇，这很有趣！具体说说怎么像激素呢？"

恒恒："你想想，一棵植物单独存在是很脆弱的，但如果把它放在一个良好的生态环境中，它自然会长得很茁壮。但如果脱离好的生态环境，只想让它长大，不断地用激素，也许它是长得很大、很快，但这不仅会危害植物本身，还会让整个生态环境变得越来越恶劣。"

我：（我对他的回答表示很惊讶）"所以，你希望有些什么不同？"

恒恒："我希望找到喜欢学习的理由。"

我："上次我给你做过未来景象法，那个设计师的梦想可以怎样支持到你?"

恒恒:"其实我有设计师的梦想是因为我不太满意现在的家,我想有一个自己设计的家,我想拥有的家是……我想给我的儿子留一个完全没装修过的房间,给他一笔钱,他喜欢怎么装修、怎么布置都可以。"

我:"你想有一个完全由自己掌控的空间?"

恒恒:"完全正确!"

我:"如果你可以完全掌控,你觉得这个空间最重要的是什么?"

恒恒:"简单、方便、高科技。"

我:"你想成为高智商的懒人?"

恒恒:"太对了!要做懒人其实也很不简单,努力就是为了更好地偷懒。"

我:"哈哈,有意思!这一点对你寻找学习的意义有什么启发?"

恒恒:"我突然觉得有意思了,学习就是为了成为高智商的懒人!"

我:"太好了!所以,你打算怎样努力成为高智商的懒人?"

恒恒:"我会把自习课充分利用起来。我觉得以前特别傻,一天到晚想着怎样跟别人对抗,自习课从不做作业,晚上很被动,然后小学阶段成绩一落千丈,还被同学看不起,浪费了很多时间,太笨了!"

我:"所以,你想从今天开始珍惜时间?"

恒恒:"是的!小学阶段过去就过去了,但我还有初中、高中、大学,我还可以重新开始!"

我:"而且,我认为要不是你小学阶段那么痛苦,你现在也不会有这么深的领悟,它看起来更像是一份礼物,不是吗?"

恒恒:"是的,我现在从班上的一些同学身上看到了自己过去的影子,我觉得他们很可怜,太不成熟了。"

我:"所以现在你变成熟了。成熟的你希望与过去有些什么不同?"

恒恒:"改掉一些坏习惯,从头开始!"

我:"从什么习惯开始?"

恒恒:"就从做作业开始吧!我想把自习课利用起来,非常专注地做作业,这样我就有更多时间偷懒了。"

我:"你需要我给你什么支持?"

恒恒:"帮我把我的想法告诉爸爸妈妈吧,让他们理解我。还有,我还是想时不时找你聊聊天。"

我:"好的,一言为定!"

不要害怕孩子的情绪，也不用担心他们的抱怨，这里面有礼物。作为教练或父母，只需要好奇，陪伴他们探索内心想要的，这份礼物就会自然打开,慢慢呈现在我们眼前。

学习像一棵大树

他叫轩轩(化名),读初一,因为学习成绩差、与同学关系不好、和爸爸妈妈难沟通、玩游戏等问题被妈妈带到我们的工作室。他坐在我对面,眼睛一直不敢看我。以下是我和他的交谈:

轩轩:"我很怪,我很想学习好,但却一点都提不起劲,完全听不进课。我也坐不下来,总是要捉弄一下同学,所以没有人喜欢我。"

我:"这种情况有多久了?"

轩轩:"其实初一入学的时候,我的成绩是全班前十名,下学期换了数学老师,我不喜欢他,就开始不听课,没想到后面就越来越难了。一科倒下之后,其他科成绩也开始下滑,现在我已经是全班倒数了。"

我:"当你想起学习,你感觉学习像什么呢?"

轩轩:"学习就像一棵很高的树,上面有很多果实,可是我怎么也爬不上去。然后我发现周围有很多野果，于是我就想摘这些野果，但是爸爸妈妈却不让我去碰这些野果，把它们围起来。然而爸爸妈妈越是这样做，我的心反而就越是在野果上。"

我："那些野果是什么？"

轩轩："那些野果就是电子游戏，爸爸妈妈不给我玩游戏，我知道他们都是为我好，但他们越这样做，我越控制不住自己。他们还常常说我玩游戏的时候不遵守约定的时间。可是他们不懂，每一局的时间是不可控的，有时候正玩得起劲突然被打断退出，我对不起我的队友们，而且又不知道结果怎么样，心就会悬着，很失落。这太难受了！"

我："你想一直吃野果吗？"

轩轩："其实我不是真想吃野果，我想吃的还是树上的果实，但是太难了，我做不到，我没信心了，只好去吃野果。"

我："是什么阻碍了你去爬树摘果实？"

轩轩："我也不知道，我想了很多原因，但好像都不成立。"

接着，轩轩又告诉了我很多他的故事，包括爸爸妈妈平时怎么不理解他，他很想跟同学接近，却没有同学愿意理他等。

我:"轩轩,我有一种感觉,有一样东西挡在你和学习之间,它叫情绪,我感觉到你有很多情绪,而且一直压抑着情绪。"

这个时候轩轩开始沉默,露出了很痛苦的表情。

我:"发生了什么?"
轩轩:"我确实很压抑,内心很委屈、很痛苦,也很愤怒,可是从来没有人能够听懂我。"
我:"你被那么多的情绪堵住了,又没有人懂你,哪有能量去面对学习呢?"

轩轩终于流下了眼泪,而且呼吸急促了起来。

我:"情绪现在在你身体的哪个部位?"
轩轩:"在胸部,很堵,还有头很重。"
我:"愿不愿意我现在就帮你处理一下?"

轩轩答应了。于是我带他使用了NLP的逐步抽离情绪处理技巧。他看到自己的情绪像一块非常大的石头一直压在心上。后来我鼓励他跟我一起想象拿着锤子来砸这块石头,我鼓励他把内心的那份愤怒发泄出来,狠狠地砸石头。随着一次次的挥臂,他被压抑住、从未表达的情绪终于被释放了出来。他说,他整个人突然轻松了。

突然之间,他的眼睛看着桌面上的一个地方。我问他:"你在看什么?"他看到了一个魔方,并且自言自语地说:"魔方结构很奇怪,是不可能拼好的。"我邀请他坐下来之后,把魔方递给了他,问他想不想试试,他点了点头,然后就开始扭动魔方了。他很快就把魔方拼成六面完整的,他喜出望外,我也很开心。

我:"你太棒了!这让你想到了什么?"

轩轩:"原来我以为不可能的事情,当我真的去尝试了,其实没有想象中那么难。"

我:"你还想到了什么?"

轩轩:"我想到了学习,也许我不用把它想得太难,先从自己有信心的科目开始,就能找到一些突破口。"

我:"当你这样想的时候,你再想想那棵大树现在有什么不同?"

轩轩:"我突然觉得我不一定要从树干爬上去,我可以尝试绕一圈,看看有没有一些分权是比较低的,我可以先顺着这些树权爬上去,这样子就会更容易、更轻松。而且我还可以借助梯子……"

我:"太棒了,老师送你一句话,凡事都有三个以上的解决办法,你总有选择。"

轩轩:(笑)"我明白了,路不是只有一条。"

我:"对,路不是只有一条,重要的是你要冷静下来,你的智慧才会出来帮助你找到前行的路。"

后来我们又讨论了以后当情绪来临的时候,他可以用什么办法帮助自己释放出来。那天走的时候,轩轩放松而平静,我感受到了他由心而发的生命力。

每一个孩子都有能力学习好,也想要学习好。很多时候是因为他们以为自己做不到而放弃了。这个时候,父母或者教练要真正听懂他们,陪伴他们去面对困难,鼓励他们找到自己的解决之道。我们永远不要让自己变成问题本身,而是要站在孩子身边与他们共同面对问题。

我追星上瘾了

她叫琦琦(化名),读高一,初三的时候因为中考考前焦虑我给她做过一次教练,后来她考上了还不错的学校,之后一直没联系过。疫情期间,她突然让她妈妈联系上了我,那天下午我们通了一次电话:

我:"琦琦,又听到你的声音了,好开心哦,你这次找我有什么事呢?"

琦琦:"老师,我很烦恼,不知道该怎么办。疫情后由于有很多时间看手机,每天上网课又很无聊,我迷上了韩国的一个组合,现在已经无法自拔,对追星上瘾了。你知道什么叫追星上瘾吗?就是我每时每刻都要到各种媒体平台去刷有关他们的信息,机械式地刷,对每条信息都很敏感,担心他们有负面新闻,又担心他们有女朋友,就是停不下来。

我好讨厌这样的自己!"

我:"嗯,我听到了,你不喜欢现在这样的状态,那你今天找我聊,希望我帮助你什么呢?"

琦琦:"我希望能摆脱这种状态,回到正常的学习状态。我现在对学习完全没有动力,课也不想上,作业也不想做,时间长了作业也不会做了,成绩越来越差。每次想振作,但又忍不住刷手机追星,晚上不愿意睡觉,白天起不来。"

我:"你感觉让你振作不起来的是什么呢?"

琦琦:"我也不知道,我太讨厌自己了。我一事无成,一点自控力都没有……"

这时,我看到一个在不断挣扎又不断指责自己的孩子。

我:(轻声问)"看看'你'这个孩子,你看到这个孩子怎么样了?"

琦琦:(愣了一下,开始哭)"她好可怜,好委屈……"

我:"是的,我也看到了,她很不开心……"

琦琦:(哭得更厉害了)"是的,很不开心,身边人都对我很好,只是我自己不好。老师对我期待很高,可是我不争气。我觉得自己对不起他们。还有爸爸妈妈,每次我告诉他们我的苦恼,他们就会告诉我没问题的,每个人都是这样过来的。我想告诉我的好朋友们,但我又怕我的负能量会影响到她们,所以我只能在她们面前装开心……"

我:"所以,你感觉没有一个人可以让你尽情地诉说,你的情绪没有一个出口,你好累呀。"

琦琦:"是呀,我太累了,这些话我从来没说过,我也很长时间没哭过了,因为爸爸妈妈希望我更坚强。"

我:"琦琦,在这里你很安全,你可以尽情地哭,把你所有不开心的事都告诉我好了,我可以当你的垃圾桶。"

琦琦:"老师,从来没有人跟我说过这句话,我好感动。"

我:"嗯,现在,你感觉怎么样?"

琦琦:"好多了,舒服了。"

我:"好,现在我们来谈谈追星这件事吧,你觉得自己为什么会沉迷于追星呢?"

琦琦:"因为我太无聊了,找不到任何有趣的事情可做,一天到晚上网课让我越来越无力、不开心,追星起码可以让我放松一点。"

我:"看来追星对你来说是有好处的,它帮助过你,让你感觉轻松一些。现在,你对追星这件事有了什么不同的看法?"

琦琦:"学习紧张,需要电子产品来缓冲一下,看看偶像的动态也没什么,但当电子产品成为主要的生活色彩,那就太可怕了,扎进去就出不来。这样的生活真的毫无意义,我没有任何价值。知道他们的生活又怎样呢?跟我一点关系都没有,只会使我越来越沉沦。我想停下来了。"

我:"嗯,停下来是为了什么?"

琦琦:"停下来是为了恢复到正常的学习状态,开始专心学习。"

我:"学习似乎可以给你带来一些力量。"

琦琦:"是的,投入学习的感觉很真实、很好,我好久没有过这种感觉了,我需要这种感觉。"

我:"嗯,如果能投入学习,你会看到一个怎样的自己?"

琦琦:"看到一个专注的、稳定的、自信的自己,看到一个很开心的自己,像以前那样正常的自己,我更喜欢这样的自己。"

我让琦琦在那个喜欢的自己的画面上停留了一阵……

我:"我感受到你想改变的动力了,你希望自己在哪方面有所改变呢?"

琦琦:"我想我先要找到有趣的事情,让自己回到真实世界。"

我:"回到真实世界。嗯,这个想法好棒,我们一起来想想有什么事可以让你回到真实世界。"

琦琦:"我想想……运动、做家务、出去走走,还有……反正能让我动起来就好。"

我:"太好了,我想当你开始这样做之后,你的情绪能量会有很大的不同,你会开始找回你自己。"

琦琦:"对,找回我自己,我就是要找回我自己!老师,好神奇,刚才我还浑身无力,什么都不想做,现在我感觉我的身体开始想动了!"

我:"哦,发生什么了?"

琦琦:"我也不知道,好像跟你说完后,我好轻松,然后我想动了,想学习了,而且可以很快开始了。"

我:"那太好了,你想从哪里开始呢?"

琦琦:"先从我最喜欢的科目开始吧!我要慢慢找回喜欢学习的感觉。"

我:"很好,慢慢来。那你打算什么时候开始呢?"

琦琦:"刚才哭完有些累了,我现在想先回去洗个澡,睡一觉,醒来我就开始。"(说完笑了起来)

每个孩子都想做更好的自己，只是有时候他们迷路了。这时，他们需要的是有人为他们点灯，让他们看清前路，而不是指责他们。

当孩子开始向我们诉说的时候，我们要给予他们足够的空间，让他们可以安心地表达自己。同时，教练中的深层次聆听，是我们不必纠结于他们说了什么，而是透过他们的语言直接感受他们的内在状态和能量。我的那句"看看'你'这个孩子，你看到这个孩子怎么样了？"是整个教练的转折点。那是我和孩子的能量共振后出现的画面，让孩子自己看到自己，于是便进入更深层次的表达中。我们不必急于帮孩子解决问题，如果我们过早地介入他们的问题，他们会感觉我们不信任他们，很快就会把"窗户"关上。很多时候，他们需要的只是有人来倾听他们说话。当他们被听懂了，他们就有智慧来帮助自己。这就是教练中的"相信"！

我想有个弟弟

小夏(化名)在国外读大学,疫情期间回国后找我做教练。他家庭条件很好,父母的教育程度很高,给了他很多优厚条件,但他却有一份强烈的孤独感。

这次他找我找得有点急,打开屏幕,我看到他极度焦虑。原来,暑假他家来了个比他小很多的弟弟,他负责给这个弟弟补习,他与这个弟弟结下了很深的感情。但弟弟的爸爸妈妈突然把弟弟接回家了,他非常不舍与不安。父母长期不在家,他突然有一种落空的感觉,觉得家里冷冰冰的。失去了弟弟的这份陪伴,他甚至有种不知道要怎样活下去的感觉。

我:"弟弟在的时候家里给你什么感觉呢?"
他:"安定的感觉,有他在我就想回家,我感觉有伴了。我们常常聊天,关键是他能理解我的一切。我愿意跟他说所有的话,他不会觉得我不好。"

我:"如果爸爸妈妈多回家陪你,你会感觉好点吗?"

他:"不要,他们回家我会更烦。"

我:"为什么呢?"

他:"我需要的不是他们在行为上陪我,而是真正理解我、接纳我,我需要的是一份情感上的陪伴。我知道他们很爱我,但我确实不想跟他们说话,因为我知道我说了也没有用。例如弟弟这件事,他们会觉得我这么在乎一个弟弟,不太正常,说了只会引起更大的误会。"

我:"我感觉到你很强烈的孤独感了。"

他:"是呀,我一直很想有个兄弟姐妹,这样我会好点。其实在我出生的前一年,妈妈有过一个孩子,后来没了,如果他能留下就好了。"

我:(感觉孩子话中有话)"他留下来有什么好处?"

他:"如果他留下来,我就不用来到这个世界上了。他也许会比我优秀,爸爸妈妈就不会那么失望了,他也许能满足他们的期待。"

我:"你感觉自己满足不了爸爸妈妈的期待?"

他:"他们的期待跟我的期待很不一样。"

我:"有什么不一样呢?"

他:"他们期待我更像个男子汉,希望我有出息。我的期待很简单,就是家里有温度,大家的心都在一起,有情感的交流,还有我遇到困难时,我希望爸爸妈妈理解我、保护我。"

我:"这些,你在爸爸妈妈那里感受不到吗?"

他:"也不是,其实他们都很好,很爱我,但他们不理解我的感受,总说我喜欢的东西太女性化,也不喜欢我情感这么细腻。我有心事他们无法理解,他们只会给我讲道理,我的心事不知道可以说给谁听……"

我:"所以,你感受不到和爸爸妈妈的连接,而弟弟给了你这种感觉。"

他:"是的,弟弟在的时候,家里有一种奇妙的感觉,好像突然有了色彩和温度。现在他不在了,一切又黯淡下来,我好像一刻也坐不住,无处安身,不知道该怎么办了。"

我没再多说什么,只是静静地陪着这个少年,听他倾诉,感受他的那份焦灼、孤独和失落。

连接是人类五大生命力之一,它表现为人与人之间的真诚敞开,一份被读懂、被理解的感觉,可以无所不谈、真实做自己的喜悦,一份深深被接纳的感觉。它看不见摸不着,却是人最深层次的渴望。青春期孩子对这份连接的需求更为强烈。如果孩子在父母那里感受不到这份连接,他们就会感觉极为孤独,渴望在其他任何一个人身上获得连接。做教练型父母,并不是要教会孩子什么,而是做温暖的父母。

我一心只想考雅思

朵朵(化名)是一个高一的女孩。她妈妈告诉我,她心态一直不稳定,不想去学校上课,希望我能疏导一下她的情绪。

那天我们进行了语音通话,电话那头传来的是很甜美同时带着哭腔的女孩的声音。

我:"朵朵,听妈妈说你心情不大好,可以告诉我吗?"
朵朵:(开始哭)"我感到压力很大,我心里很渴望出国,想全力以赴考雅思。我每天早上五点多就起床复习英语,然后像其他同学一样正常上课,课后完成作业后又开始复习,利用一切时间来复习,连周末都用上了,但还是感觉时间不够用。"
我:"你的压力来自同时兼顾正常学习和出国准备,难怪这么累,那出国为什么这么吸引你呢?"
朵朵:"我心里有这个强烈的愿望。我想学艺术,但国内的艺考竞争很激烈,我很想有在国外学艺术的经历。爸爸妈妈一开始很支持,但因为疫情,他们想让我两边做准备,但这样确实很难,我两边都学不好。"

我:"我感受到你很焦急,好像快撑不下去了。"

朵朵:"是的,我快撑不下去了,最难的是大家都劝我不要这么执着,说我的想法不成熟,还说这样会为难爸爸妈妈、对不起爸爸妈妈。"

我:"我感觉你在孤军作战,也很内疚。"

朵朵:(深深叹了口气)"是呀,很孤独也很内疚,我知道大家都是为我好,我不想让大家担心,但我放不下对梦想的追求,太难了。"

这时我给她做了一个测试,并邀请她一起想不同的解决方案,但无论哪个方案,她都把考雅思放在最重要的位置。她希望自己能有时间全力以赴地备考,愿望十分强烈。

我:"我现在感觉自己的身体很沉重,被压得喘不过气来,你的感觉呢?"

朵朵:"是的,我也有这种感觉。"

我:"你喜欢学习吗?"

朵朵：(叹了口气)"我初中时是很喜欢学习的，每天都学得很开心。现在想到学习只有压力，学习没有任何乐趣和意义，我只是不得不坚持。"

我："我不确定你的父母最终会不会让你出国，我只是感觉现在的你太沉重了，学习也失去了它的意义，你愿意高中生活就这样度过吗？"

朵朵：(沉默了许久)"不愿意，不该这样的，也许我该好好想想学习的意义是什么，我渴望的学习生活是怎样的。"

我："你现在能感觉到的是什么？"

朵朵："可能我要把自己的高中生活重新设计一下，无论出不出国，都要让它丰富多彩些、有活力些。"

我："也许我们也可以跟爸爸妈妈好好谈谈你真正的想法，他们也只是想让你快乐地学习，希望你有个好的未来。"

朵朵："是的。"

这次谈话到这里就结束了。后面我跟朵朵的父母做了交流，她父母的态度有了很大的改变，并且同意在学习环境上配合孩子，让她更快乐地学习。

孩子的成长需要有一个自我探索的过程，这也是他们内在心智成熟的过程。保护他们的自信心与自我思考能力，比做出正确的选择更重要。我们不用急着做出决定或者是给予他们建议，而是应该更放松，更相信他们，在他们追梦的过程中陪伴他们，让他们找到自己心中的答案，哪怕是付出一些时间，也是值得的。

爸爸，你有这么忙吗？

扬扬（化名）是个高大帅气的男生，之前因为感情受挫休学在家。来参加了我们的两次青少年营后，他变化非常大，整个人阳光自信起来，并且在营里很主动、有担当，成为很多孩子心中的偶像。

那年，在青少年营结束的前一天中午，我突然接到他的电话，声音非常沮丧，他问我能否到健身房去。我马上跑过去。走进健身房，我看到他正在疯狂地打沙包，一边打一边愤怒地咆哮："你就这么忙吗？你就这么忙吗？你就这么忙吗？……"愤怒的声浪在整个健身房回荡。

我在一边陪着他发泄，等他呐喊完后，他开始哭起来："你从来就没理过我，你错过了我所有重要的时刻，你不配做我的爸爸！"

我开始慢慢跟他聊。原来，他从小父母离异，跟着妈妈长大，爸爸的缺失一直是他心里的痛，也是他内心缺乏力量的原因。他一直很渴望爸爸能参与他的成长，但似乎每次对他来说很重要的时刻，爸爸都不在。他对爸爸感到非常愤怒和失望，也一直纠结在这种情感上。而这一次青少年营,他感觉自己变化很大,表现很出色,很想让爸爸参加他的结业礼。但当他打电话给爸爸时,才知道爸爸的新公司在他结业礼那天开业,他的情绪终于爆发了。

孩子无比伤心。我没想到父母分开这么长时间,孩子仍然那么在乎爸爸,更没想到孩子如此重视这次的青少年营结业礼。他认为这是他生命中的重要转折点,很期待爸爸的见证。后来,我决定给他爸爸打电话,把发生的一切告诉他爸爸。他爸爸一开始很迟疑,他说他根本不知道有结业礼这件事,原来安排好的开业典礼时间没法改。于是我跟他爸爸说:"那你看今天能否抽个时间过来,下午我们有团队活动,你来看看儿子。"他爸爸答应了。

下午的团队活动开始后,扬扬的爸爸来了,我示意他先看看,等活动结束后再见儿子。爸爸站得远远的,他不想惊动儿子。在那个活动中,所有孩子都非常投入,扬扬格外卖力,充当起团队的灵魂人物,全身心支持他人。爸爸一直站在外围看了整整两个小时,眼眶都湿润了。

当活动大功告成,孩子们在欢呼庆祝时,爸爸走向了儿子。扬扬愣了一下,然后激动地抱住了爸爸,两个人都笑了起来。这一幕,让人泪目。

事情还没完。第二天下午是我们的结业礼,经过了五天四夜的共同学习与成长,大家都变了。所有孩子围坐在一起,分享着自己这五天的变化。这时,连我都没注意到,扬扬的爸爸悄悄地坐在父母席上,和妈妈在一起。我心里很惊喜:"他不是新公司开张吗?这么重要的事情,他怎么有时间来这里?"

结营仪式一结束,扬扬的爸爸妈妈站了起来,扬扬远远地看到了。他高兴地跳了起来,一米八的高个儿,像只狂奔的小狗,冲向了爸爸,差点把爸爸给扑倒了。他兴奋地抱住爸爸说:"你怎么来了?你怎么来了!"那股激动兴奋的劲头,把全场都感染了。

爸爸在青春期孩子的心目中有着极其重要的位置。他们表面上表现出不在乎爸爸,甚至拒绝、对抗爸爸,但内心却极其渴望得到爸爸的认可。如果爸爸能主动参与到他们的成长过程中来,发自内心地欣赏孩子,特别是男孩,孩子将会在内心深处得到极大的满足,从而更相信自己,得到一种力量与自信。

第 *10* 章
青少年教练们的案例实录

  青少年是一群急需关注、陪伴与帮助的群体。这些年,我与青叶藤教练中心的一群教练们一直走在青少年教练的实践之路上,以下案例来自几位与我并肩同行的青少年教练们。

我相信你,虽然我永远不知道原因

/ 何明慧

跟他的遇见,我相信是上天的安排。

一个成绩优异的男生,考上了一所大家都认为很不错的初中。在准备好所有生活用品开学入宿的前一天,没有任何征兆,他四点左右把自己关在房间里不出门了。这可把他妈妈急坏了,找来亲朋好友劝导,学校介入,但所有努力都是徒劳。

孩子妈妈的好朋友推荐他来到青叶藤。第一次来工作室,他没说一句话,只是摆弄着我们的游戏用具。他的一个动作一直很吸引我——无论开启什么游戏他都会先看看妈妈。看似不在意我们聊什么,但我总觉得他在听妈妈说什么。我一邀请他妈妈一起玩,他就不一样了,然后我突然冒出一句:"你很在意你妈妈哟!"他抬头静静地看着我。

孩子妈妈是一个非常善良纯朴的人,期待儿子能回到学校上课,也希望我们能尽快找到原因对症下药。可能出于我做妈妈的同理心,我也开始往这个方向进行探索。原因找到了不少,但还是没达到期待的结果。在找原因的过程中,我发现这个孩子每次说的不多,很在意大家对他的看法,也总希望能在我们身边做点事。所以我们索性放下一定要把他弄回学校的想法,让他跟大家在一起,不躲在房间就好了。从那时开始,他和妈妈有更多对话了,也会跟妈妈分享一些自己的感受。他说想做些自己喜欢的事,如画画和拉大提琴。因为有了这些不一样,在新学期,他回到学校了。

因为他的努力和聪明,所有功课很快就跟上了,他还多次受到老师的表扬,被同学们推选成为班委,一切像是回到了正轨。但没想到初二开学不久,妈妈告诉我他又不去学校了。他来工作室告诉我,他觉得很无聊,挺尴尬的。细谈下来,原来是他跟同学发生了小矛盾,觉得不能重拾之前的那份融洽。他觉得他与同学的关系很重要,比学习更重要。问题没法解决,就不去上学了。在他的诉说过程中,我能感受到他很想突破这一点,但内心却缺少一份勇气和力量。所以在陪伴过程中,我希望能够让他感受到自己的勇气和力量。我们做了很多尝试,让他做一些自己一直想做的事情。当然,这个过程中,父母对他的允许和鼓励特别重要。

跌跌撞撞地,我们迎来了2020年。不知道为什么,我感觉到他已经有了足够的力量。在除夕夜,我们有了约定:2020年新启元,为自己做下决定! 他决定参加当年的中考,然后我们开启了新的教练对话:谈谈如何备考。他开始自己复习,过程中遇到落下的课,我们商量如何利用考试大纲确定要补的知识。对于完全没有上过初三的他来说,参加考试是何等大的压力。他在开考前特别焦虑,甚至不敢走出房门。他妈妈给我打电话,在电话里,我对他说:"我知道你怕,换作我,我也怕,但我相信你能走出来,我在考场门口等你出来喔!"妈妈说他含着泪换上衣服,打开房门,在开考前一分钟走进了考场。

最后,他拿到了我们当地一家职高的录取通知书,连续两年是全年级前三名,也进了学校的"升大班"。他常常跟我说压力大,老师有很多要求,每次我都认真地听他吐槽。有一次,我笑着问他:"你现在能告诉我,你当年为什么突然不上学了吗?"他想了很久,很认真地回答我说:"我也不知道,但我知道你相信我!"

是的,我相信你不管怎样都想变好,我相信你有能力挺过去,我就在你身旁等待着,欣赏着!

何明慧教练是我合作多年的老搭档,我见证着她如何用她的耐心与爱心陪伴一个个孩子重拾信心,重返校园。从这个案例中我们可以看到,一个孩子不上学的原因往往不一定跟学习有关系,而是他自己内心有些过不去的坎,与父母的连接、与同学的连接是其中很重要的原因。也许我们无法一一为他们解决问题,但只要我们允许他们暂停下来,对他们保持坚定的信任,始终不放弃他们,他们终会有一天被点亮。而经历过挫折后站起来的孩子,往往会有更大的前行的勇气。

我看不到光了

/ 曹 晶

这是一个中度抑郁且幻听的孩子，13 岁，身在北京。这也是我第一次仅用语音通话教练的孩子。我陪伴了他半年，他回学校上课了。

孩子的妈妈找到我时，非常着急和焦虑："孩子大半年前诊断出了中度抑郁和幻听，目前通过药物控制住了，和心理咨询师聊过两三次，但是现在不愿意再见咨询师，也不愿意上学，整天把自己关在房间里。我真的很担心。到底怎样才能让他重回校园啊？"

我告诉她："我明白你很想让孩子尽快恢复正常生活的心情，但是孩子现在只是通过药物把病情控制住了，内心的情绪还没有得到排解。情绪出不来，理智就恢复不了。教练并不是让他尽快恢复正常，重回校园，而是陪伴他先把积压的情绪排解出来，再找到自己的方向。"

得到妈妈的认可后，我便和孩子展开了第一次的教练通话。

电话中传来深沉且略显尴尬的声音："你好。"然后便是沉默。

我:"小七(化名),你好,你有什么想和我聊聊吗?"

孩子:"没有。是我妈妈叫我和你通话的,我也不知道可以说些什么。"

我:"没关系,我理解的。第一次聊天,我们对彼此都不了解。如果你不介意,可以和我分享你平常做什么、喜欢玩什么。"就这样,我们漫无目的地聊了十分钟。

孩子话锋一转:"我这么跟你说吧,我现在也不知道自己怎么了。我什么都不想做,总是控制不住自己的情绪。"

我十分欣喜,因为他开始向我吐露心声了。

我保持着平静,继续问他:"当你什么都不想做的时候,你的心情是怎样的呢?"

孩子:"我也不知道。就是什么都不想做。"

我:"我感受到了烦躁,你觉得呢?"

孩子:"是的。"

我:"是什么让你这么烦躁?"

孩子:"我以前认识的人,走了。"

我:"这个人对你影响很大。"

孩子:"是的,但我不能告诉你他是谁。"

我:"好的。那你能告诉我,当你想到他的时候,你看到了一些什么画面吗?"

电话那头停顿了数十秒,那一刻我仿佛听到了孩子的心跳声我知道他在思考……

孩子:"我坐在一个黑色的房间里,前面有一张桌子,没有光。"

我:"嗯。没有光,还有什么?"

孩子:"没有门,也没有窗。以前桌子的对面有一个人,他会和我说话,我能看见他。现在那个人走了,只剩下我一个人。"

我:"我感觉到你一个人坐在那里的孤独、无助和不知所措。"

孩子:"是的。以前有他在,我还能看到光。现在他不在了,我什么也看不到了。"

我:"你现在很迷茫,好像找不到出路了。"

孩子:"是的。"

我:"以前他在的时候,他给你带来了什么?"

孩子:"以前他总能陪着我,我所有的不开心他都能听见,给我回应。现在他不在了,我不知道和谁说。我不想告诉妈妈,她会担心。"

当我不停地确认孩子的感受、回应他的情绪时,我突然明白,孩子口中的那个"他"不是别人,而是孩子自己。

我对孩子说:"我好像看到他了,我想给你一些反馈,可以吗?"孩子说可以。

我对孩子说:"他想告诉你,他已经陪伴你很久了,现在他虽然离开了,但其实并没有真正地离开,因为他已经和你融为一体了,他本来就是你的一部分。现在你已经有能力自己往前走了,他相信你可以的,你也要相信自己。"

孩子非常惊讶:"你知道吗?这些话和他在离开的时候告诉我的一模一样!"

我立马明白了,孩子看到的那个"他",幻听的那些话,其实是自己积极向上的一面。他的消极面和积极面在对话。

到此,我感受到了孩子对我真正地敞开了。我问孩子:"这次的聊天内容,有哪些可以告诉妈妈,哪些不可以?我需要得到你的允许,因为这是你的隐私,我完全尊重你的意见。"

教练结束后,我如孩子所愿,向妈妈反馈了他允许我分享的那一部分内容。而妈妈给我的反馈是"孩子聊完之后心情好多了,而且还让我相信他,他会好起来的。他说你很专业,下次还要找你聊"。就这样,我们平均一个月通一次电话。

第二次教练,他说自己像一台电脑,显示屏就像头脑,主机就像身体,显示屏不停闪烁要上学的字眼,但主机就是运行不起来。而教练过后,他看到自己原来处于自我保护模式。

第三次教练,他说:"我沉在海水里,我看到海面上的光,但我就是游不上去。"

第四次教练,他说:"我知道了从0到1、从1到2的改变不是一下就能飞跃的,而是螺旋式上升的。"

直到最后一次教练,孩子说:"我已经游到海面上,看到光了,那是太阳,很温暖。"

就这样，我陪伴了他半年。每一次教练，我只是陪他看到自己当下的状态：着急、焦虑、恐惧、期待……他总是会告诉我，他知道该怎么做了。所谓看见即治愈。我从不问他要怎么做，因为我相信他一定能做到。

最后一次教练，孩子告诉我："你知道吗？第一次教练结束时，你问我什么可以告诉妈妈，什么不可以，我感觉到自己被尊重了。我觉得你的职业非常棒，你能帮助很多人。我以后也想做像你这样的人，去帮助那些像我一样的孩子。"听到这些反馈，我热泪盈眶。这就是老师经常教导我们的"用生命影响生命"。

有一天，孩子妈妈发了一张孩子在和老师探讨问题的照片给我。她说："你看，孩子的眼里有光了。"是的，孩子绽放了，他内心的那个黑暗的房间有窗户、有门，光可以进来了，他不再孤独了。

为了孩子，妈妈也做了很多努力。妈妈也找我做教练，参加我的情绪管理课程。妈妈的焦虑和着急逐渐减少，给了孩子更多的包容和接纳。妈妈反馈说："现在我们整个家庭的氛围都变得温暖、有爱了，爸爸也跟着改变了不少。"

我一直都相信，愿意和我们聊天的孩子，内在都有一颗向阳的心。虽然一开始，他们总会沉默或者总说不知道，但其实他们只是需要多一些尊重和不带目的的陪伴，只是需要多一些时间让他们适应和打开自己。当他们能完全信任教练的时候，他们就真正开始改变了。而父母的改变，是孩子最终找回自己的强力助推器。

曹晶，ICF（国际教练联合会）认证的 ACC 级专业教练。她是一位情绪教练与游戏力教练。她与孩子有一份天然的连接，教练风格灵活、有趣。在这个个案中我们看到，只要完全放下评判、深度聆听、好奇孩子，让孩子可以在自己的内在空间中尽情表达、自由联想，孩子就会连接上自己的智慧，从而发生意想不到的改变。这就是深层次聆听的魅力！

第 10 章 青少年教练们的案例实录

请从阴暗中走出来吧

/ 一 源

我是一名青少年成长教练,在教练过程中,我常常喜欢让孩子作画。

画画是通向潜意识的一条不错的通道。作画的人把平时不可告人的秘密都隐藏于画中。"我不告诉你!"是我常常听到孩子最喜欢说的一句话,可是当我们与孩子连接上时,其实孩子是很愿意把心底的"宝藏"拿出来给我们看的。这也是为什么我喜欢称他们为"宝藏孩子"。

2021 年 9 月,我见到这样一个孩子。他这年读初一,成绩也很优秀。但不知为何,刚上学不到一个星期,他就出现恶心呕吐的现象。妈妈独自一人把孩子带大,发现孩子有这种状况特别焦虑,马上带孩子到医院查看情况。几天下来,孩子好得差不多了,去学校却又出现同样的状况,这可把焦虑的妈妈急坏了!妈妈只好把孩子送去医院做进一步的身体检查。可是一轮下来,什么也没有发现,一切指标均属正常。后来妈妈带孩子到精神科去看医生,医生说孩子是"学习焦虑症",也开了一些药物给孩子,结果孩子就不再上学了。

同年9月底的一个周六下午,妈妈把孩子带到我的工作室。孩子有一米四高,一看就是喜欢体育锻炼的结实身材。虽然他是第一次与我这个陌生叔叔交谈,可是他一点也不见外,思路、逻辑十分清晰。但当谈到他今天来见我的目的时,他就不说话了。我问他:"你喜欢画画吗?"孩子看了看我,我看到他嘴角微微笑了一下,有点小得意。然后他缓缓地回答我说:"还行吧!"然后我就把白纸与彩笔递给了他:"你来试试把内心想说的话都画出来吧!"孩子迟疑了一下,回答我说:"不行,我头脑里没有素材,画不出来。"我想了想,把工具箱里的心理类纸牌拿了出来。我说:"你在里面选一张最能表达你现在心情状态的卡牌,然后把它画出来,你觉得这样可以吗?"他爽快地回答我说:"我试试。"不一会儿,他就选了一张画面较暗的卡牌,然后对我说:"我需要一个人安静地画,我不喜欢被别人看着。"然后他就拿起东西到另外一个房间画画去了。

这时我与他妈妈开始交谈。我发现,自从爸爸离开家以后,妈妈就过得很不开心,不光是情绪上的低落,更多的是对生活的焦虑与不安,很担心以后会发生什么不好的事。孩子一直很懂事,平时妈妈去上班后,孩子不上学就一个人独自在家,自己照顾自己,而且他没有把学习落下,还在上网自学。可是妈妈还是担心孩子这样成长不健康，以后无法融入社会，怕他变得越来越孤僻。我与妈妈细细交谈，让妈妈把焦虑与恐惧的情绪也释放了出来。后来，妈妈谈到期待中孩子的未来时，还因孩子的懂事而感到欣慰，脸上也露出了笑容。

半小时后，孩子拿着他的画来到我们的房间，看到妈妈哭过，但脸上又有笑意，觉得特别好奇，顺口问了一句："你怎么啦？"妈妈看着孩子，笑而不语，只是轻轻抱住孩子。孩子虽然有点害羞，但也随妈妈抱住他。就这样，我们结束了第一次的约谈。

孩子第一次作画

过了差不多两个月，孩子主动来见我。可能是因为熟悉了，孩子表现得更自然、阳光了。可当我问他为何来找我时，他又说不知道，说只是想来见见我。我还是问道："还是让你画一下吧？"孩子这次爽快地回答我说："可以呀！"我又把白纸与彩笔递给了他。这次他让我坐在他旁边，还对我说："如果你有看不明白的，可以随时来问我。"我笑着说："好呀，那我就问你啰。"原来这是他上学后的第一周，一方面他很开心自己又可以重新投入校园生活，但另一方面他也很害怕同学对他的异样眼光。当他说完这些情况后，我问他准备怎么去应对这些眼光，他说："我可以用一半心思去听他们说话，用另一半心思去认真学习，待在我自己的世界里就好了，管他们做什么。"他说出来的时候，是有底气的，我看不到他有丝毫的害怕。

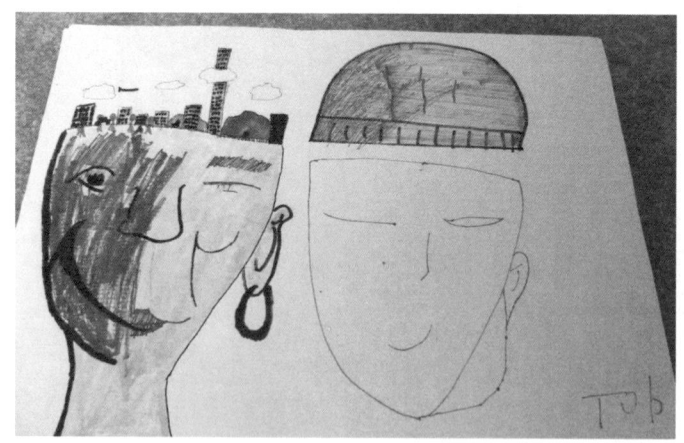

孩子第二次作画

孩子的世界是很纯净的，喜欢就是喜欢，不喜欢就是不喜欢。只要给他们空间，他们是愿意向大人们敞开自己的内心世界的。

一源，ICF（国际教练联合会）认证的PCC级专业教练。这篇个案有几个亮点：一是当孩子无法用语言来表达自己时，鼓励孩子用画画或者卡片等视觉工具，帮助自己表达情绪与现状；二是妈妈的状态是孩子转变的关键，教练关心妈妈的情绪，妈妈的情绪也会得到释放，这才是对这对母子更有力量的支持；三是孩子只要得到聆听与理解，自有思考与方法，我们不用急于帮助孩子找到解决方案，把时间与空间交还给孩子，相信他们的智慧。

教练里的"看见"

/ 王　莹

教练里有个词叫"看见"。很多时候,我们说要看见自己、看见他人,具体是指看见什么呢?看见对方的衣着外貌?看见对方生气或难过的情绪?抑或是看见对方内心底层的渴望或生命力?

有个初二休学在家的孩子被妈妈带到我面前,孩子低垂着头,毫无生气。

我问:"你现在天天待在家里感觉怎么样?"

孩子继续低着头:"很不好。"

我说:"之前一直盼望休学在家,现在真正待在家里了,跟期待的有什么不一样吗?"

孩子的头更低了,快垂到胸口了。

我小声地说:"我好像看到你有份内疚?"

孩子的眼睛马上红了,眼泪夺眶而出,所有的情绪都宣泄出来了:"我觉得很对不起爸爸妈妈!我觉得自己很没用,让爸爸妈妈失望了……我天天待在家里很难受!但我又不敢去学校,我怕同学们嘲笑我……"

等到孩子的情绪渐渐平稳后,我继续陪伴她:"我看到你很想做个好孩子,也很想做个好学生。"

孩子的眼泪又出来了,委屈地点点头:"是的,可是我不知道该怎么做!我觉得很无力,很无助!"

我说:"你是有力量的,在你和老师对抗的时候,不是每个孩子都有这样的胆量和勇气的,我看到了你勇敢的一面。"

孩子渐渐抬起头,看着我,终于开始和我有眼神交流。

我继续看着她:"如果你真的想改变现在的状态,我们就一起好好梳理,看看接下来可以做些什么,好吗?"

孩子点点头,接下来的过程就非常顺利了。教练结束后,孩子说:"我决定明天就回学校了!"

在整个教练过程中,我没有说教、讲道理,只是将我看到的情绪、感受、渴望和力量呈现给孩子,如同一面镜子,如实地照见孩子。因为我这份真实的照见,孩子更了解自己,看到自己是有力量的,看到自己想做好孩子的心愿,从而更坚定地相信自己,做出最适合自己的决定。而身为教练,我所做的只是陪伴孩子。

一周以后,孩子妈妈约我见面。从见面开始,孩子妈妈就一直哭,不停地述说自己对孩子的内疚,责怪自己不懂孩子,埋怨自己没有给孩子更好的支持,拖累了孩子。等到孩子妈妈的情绪平复后,我对她说:"我看到你期待自己是个完美的妈妈,能够给孩子完美的爱。"

孩子妈妈又快哭了,含泪点点头:"是的!"

我看着她:"所以你这种对完美的期待给自己带来了什么?"

孩子妈妈愣住了,若有所思地回答:"给我自己还有孩子都带来了巨大的压力!"

我继续说:"你现在回过头,如何看待这股压力呢?"

孩子妈妈似乎醒悟了:"我不能再责怪自己了,我不能再苛求自己和孩子了,我做到我能做到的最好了,孩子也尽力了!"

接下来的教练过程非常顺利,我们围绕着孩子妈妈后期的行动计划展开了探讨。

这里也是教练里的"看见"起了关键作用。孩子妈妈看见了自己对孩子的爱,看见了自己给自己和孩子带来的压力。一旦看见了,转机就出现了,改变才有可能发生。

在我们的人生里,无论是在家庭还是工作中,如果多一些"看见",就会对自己和他人多一份包容和接纳,从而收获轻松、快乐的人生。

王莹,ICF(国际教练联合会)认证的 ACC 级专业教练。这篇个案的精华之处在于王莹教练对孩子和妈妈分别进行了深度聆听,准确地读出了她们内在的声音,甚至看见了她们自己也不曾看见的部分。这份"看见"是有不同层次的。案例中，我们看到教练不仅看见了她们的情绪、想法、念头，更重要的是看见了她们的渴望和正向动机，看见了心底的那份爱与希望。这正是转化的力量！

| 青少年成长教练

追光的少年

/ 刘春梅

小美（化名）是一个初一的女生，五年级开始不间断休学，有自残的行为。

那是一个下午，通过小美家人和朋友的努力，我和小美约在了购物中心的甜品店见面。考虑到她的安全感非常低，我选择了闹中取静的地方见面，既可以让对方感觉到相对安全，又避免了一开始面对我的尴尬。披肩的长发，消瘦的身形，聪慧的眼睛，但是却了无生气……

我邀请她对自己当下的状态做一个隐喻，她说："我就像是长在悬崖峭壁的小草。"于是我们就从小草这个隐喻开始探索："是什么让这棵小草在如此艰难的环境下顽强地生长？"我看到她的眼睛瞬间亮了，她开始讲述她的经历、困惑、理想……

第二次，我们相约去见一个设计师，去看看设计师如何工作，因为她也想成为一名优秀的设计师。一整天她都像一只欢快的小鸟，不停地发表自己的意见和看法，十足的设计师模样，我由衷地表达了对她的欣赏。返程路上,我们继续进行教练对话:"你想成为怎样的人?那样的自己是怎样的?在做什么?在说什么?"她开始滔滔不绝地描述,丝毫没有疲倦。

接下来的半年里,我们继续一次次探索自我和未来的旅程。过程中,我也给她的父母做教练,帮助父母看到和孩子相处过程中自己的模样。

直到最后一次,我们花了四个小时,通过"改变与突破"的教练模型,探索改变的关键因素,推动改变的发生。这四个小时,她全神贯注,时而恐惧,时而又带着对未来的憧憬,直到我们的探索中出现了一个神奇的隐喻,她说:"我想成为光,去照亮更多和我有同样经历的人。我知道我现在还做不到,但是我愿意去追逐光。"她的隐喻让我热泪盈眶,我看到了一个生命正在被唤醒,不管过程多么艰难,她都始终坚持……

现在的她,活跃在学校的社团里,还获得了很多的奖项……她仍然在坚持画画。

每个孩子都有梦想,他们需要人懂,需要有人看见和陪伴。当他们陷入情绪的低谷时,只是陪着他们去看见那个当下的自己,通过隐喻去表达,拨开情绪的迷雾,不必去帮助他们解决问题,他们也可以坚定前行。

做青少年教练会谈,我们可以更加灵活、有趣,不必拘泥于某个固定的形式。通常,我们会根据不同青少年的气质来选择适合他们的方式交流。建立亲和至关重要,亲和是信任的基础和前提。一旦他们对你产生信任了,就会全然地敞开自己。

　　刘春梅,ICF(国际教练联合会)认证的PCC级专业教练。她本来是一名优秀的高管教练,因为对孩子无法舍弃的爱,她一头扎进了青少年教练工作。从这个个案中,我们可以看到她对孩子的那份深深的爱,处处考虑孩子的爱好与心境,找到最适合孩子教练的空间与方式,用温柔的心连接孩子的世界。孩子因为教练的这份细致、温暖的陪伴,终于勇敢展翅去追光。

第10章 青少年教练们的案例实录

好的关系胜于一切

/ 小太阳

小船老师是我的引路人,因为有她的鼓励和支持,我坚定地走上了职业青少年成长教练这条路。走在这条充满朝气、温暖和阳光的绿道上,我会偶遇不同的孩子和家长们,并有缘与他们相伴同行一段。每一段的相伴同行,我都深深感受到孩子想要突破自我、积极向上的强大力量,我真想为他们喝彩。

接触的青春期孩子越来越多,我总结了一下,困扰他们的问题大多有三类:一是学业压力问题;二是同伴关系问题;三是感情问题。父母最操心的是孩子的学业压力问题,而孩子们和我探讨最多的是同伴关系问题。孩子们经常会问我:"我有社交恐惧症,怎么办?""我又'社死'了!""没人懂我,他们为什么不理解我呢?""我不知道我做错了什么,他们要这样针对我。""我好像惹他生气了,我要怎么和他恢复良好的同桌关系呢?""我不敢说,担心他们不喜欢我。"……

为什么同伴关系对于青春期孩子这么重要?其实,这是他们社会化非常重要的一步。青春期孩子的独立自主性开始逐渐发展，想要长大的他们渴望拉开和父母的心理距离，融入同伴中，从友谊中汲取力量，走向社会，走向成人。同伴在孩子的成长过程中，具有父母不可替代的重要作用。

可能因为我身上自带孩子王的气质，孩子们都很信任我，他们愿意带着困惑敞开心扉地和我聊他们的内心想法。这里，我想讲讲前不久刚刚做完教练的那个初三的女孩。我陪伴了她3个月，因为初三学业比较紧张，每一次我们都是线上语音通话。我们常开玩笑说，我们是网友，什么时候要来一次线下网友见面会。

她因为厌学，成绩下滑，妈妈很担心地找到我，希望我能够给她一些帮助。记得她第一次和我聊的时候，前20分钟，她的回答基本都是"不知道""还好吧""没有"，一副拒人千里之外的模样。随着多次和她进行深入沟通和交流，现在的她每次都是自己主动约我，每次都和我侃侃而谈，聊她的各种小秘密和困惑。后来，我和她聊到第一次来做教练的感觉。她说："我以为我妈又找人来修理我了，她自己天天叨叨我没用了，就开始到处找帮手，找了学校的心理老师，找了好几个长辈，都来说我，我很烦。还好你和他们不一样，你好像我的同龄人，你不唠叨我，也不给我讲道理，你愿意听我说话，你能读懂我内心的感受。"

青春期孩子很需要一个理解者、聆听者、支持者，他们希望在遇到困难、感到迷茫的时候，有人能够平等地看见和走近他们。一个"我懂你"的眼神，一个"有我在"的拥抱，一句"我相信你"就够了。少年时期的烦恼是每个人都会经历的。青春期孩子并不急着找答案，他们想要的就是一份陪伴和聆听。有时候，让子弹飞的过程，或许是这个阶段的他们最想要经历和探索的。

好的关系胜过一切。青春期孩子非常渴望父母成为他们的朋友。朋友式父母通过倾听、理解、接纳、鼓励、尊重，走进孩子的内心世界。在教练过程中，我和很多青少年探讨过与父母的关系问题。其实，他们内心都很渴望与父母有很好的连接，在他们向父母敞开心扉，让父母看到自己的"秘密"的时候，父母不会嘲笑、指责他们。他们希望在自己孤独无助的时候，父母能够理解、支持他们。

现在的我给青少年做教练，也会给他们的家长开展单独的教练对话。我希望在陪伴青少年的同时，陪伴更多的父母学习和成长。教育的根在家庭、父母身上。成长型父母，是孩子一生的福气。

下面我有4条与青少年建立良好关系的秘诀分享给大家。

秘诀一 —— 共同语言。可以留意一些网络流行用语，放低姿态请教孩子，寻找共同的话题。

秘诀二 —— 朋友关系。用对待好友的方式来和孩子相处。

秘诀三 —— 三"不"。不说教，不否定，不对抗。

秘诀四 —— 角色新定位。成为孩子的心灵陪伴者和方向引领者，其他方面就放手，给空间让他们自己体验。

小太阳，ICF（国际教练联合会）认证的 ACC 级专业教练。人如其名，她热情、开朗、有趣，是像小太阳一样的存在。她也是名副其实的孩子王，并没有把孩子当作不懂事的小孩，而是与他们如同龄人般相处。她向父母们做了一个积极的示范，青少年最在乎的是同伴关系，当我们与孩子的关系是平等的、互信的，孩子内心世界的大门就会向我们敞开。

做一名陪伴者和守护者

/ 何凯玲

在青春期孩子的个案里,有一个高三的女生小肖(化名)最让我难忘。她来找我做教练时 17 岁,父母告诉我的信息是孩子最近情绪容易失控,会突然大哭一场,有一次迷迷糊糊在大街上暴走了大半天,几个月没上学,不知道究竟发生了什么事情。父母的无助、着急和担忧我都能感受到。父母对我说,唯一的希望是女儿不要有自杀的倾向。听完父母的诉说,我单独见到了小肖。

第一次见面,我就坐在她的身旁。她安静地坐着,有点失魂落魄、神色呆滞。

我说:"你好,小肖,我是凯玲教练。"

她马上反应过来,转头看着我,点了点头。我看到一个长相清秀的女生。

我问:"听爸爸妈妈说,你最近有点不开心哦,是有什么事吗?"

小肖开始平静又小声地说起她在学校发生的点点滴滴,包括上课时自己常常想入非非,不在状态。偶尔她会说到在宿舍里与同伴谈天说地的自在与欢乐，也有在课间迎面遇上谁的心情突变……听着她的故事，我在一旁点着头，用心感受着她内心的起伏。不知不觉，我会突然感觉身体很沉，闷闷不乐，有时候也会感受到一丝轻松和开阔，我马上觉察到自己可能与小肖同频了。每当与孩子第一次见面，我都以好奇、跟随、聆听为主，用自己放松的状态来关注他们，目的就是让他们感受到一丝安全和舒服。可能是我的放松也让孩子敞开了心扉，我们聊了很多很多，孩子把一直压抑的情绪都说了出来。这次教练结束后，小肖松了一口气，脸上也露出了放松的表情。我约定小肖每周见面做一次教练，陪伴她走过这个阶段。

第二次教练，我见到一个面带笑容的小肖。我明显感觉到她放松多了。

我问："我感觉你开心了，最近怎么样？"

小肖说："没什么呀，都是在家里……（日常生活琐事）"

我问："听妈妈说，下周有校运会，你是怎么想的？"

小肖说："嗯……还不知道。"（眼睛开始凝视）

我问："我感觉你有点担忧，是吗？"

小肖点点头。

我问："你在担忧什么呢？"

小肖沉默了。

聊到这里，我感觉小肖除了这份担忧还有些无奈，于是好奇地问:"你们之前的校运会是怎样的?"

小肖开始回忆,脸上流露出一丝笑容,便说起以前校运会自己的参赛经历、赛场的气氛、同学的热烈掌声……我从她的眼睛里及话语间感受到她有一份喜悦和雀跃,两眼也在发光,内心有着无限的期盼。说到此刻,我也很受感染,感受到一股青春活力在涌动。

我说:"我也仿佛感受到校运会的热闹了,那你打算回去吗?"

小肖叹了一口气,回答说:"我不知道。"这时,我更明显地感受到她内心的那份顾虑和担忧。我细听她的回答,明白她的顾虑和担心是因为太久没上学了,担心同学和老师的眼光。当下,我感觉她的身体是向往的、有激情的,但头脑被一些想法禁锢住了,所以难以做出决定。我尝试让她闭上眼睛,让注意力回到呼吸上,让身体放松下来。我用她刚才所描述的感觉和用词,让她的身体跟随感觉去校运会的现场走走。当我在描述校运会的每个片段时,我特意让小肖充分体验这种感觉,让她与同学、与学校连接,让她描述看到了什么、感觉到了什么、想说什么。整个过程,小肖的表情和身体都在慢慢放松下来,与刚开始的担忧和无奈完全不一样。体验结束后,小肖睁开了眼睛,我从她的眼里看到了一丝平静和光亮,我知道她可能有了新的体验。

我问:"刚才的体验你有什么感觉?"

小肖说:"我看到同学们向我打招呼,我和他们站在观众席为运动员加油打气,很开心呀。我想校运会那天一早就上学,我想买肠粉给宿舍的同学吃,让她们惊喜一下。"

说到这里,小肖的脸上展现了一份喜悦的期盼。她迈出了第一步,跨越了内心的一道坎。

很多时候,孩子只需要被聆听、被理解和被无条件地支持。这样,他们就有力量和信心站起来了。

何凯玲,ICF(国际教练联合会)认证的 ACC 级专业教练。她是一名很特别的教练,在给青少年做教练的过程中,她非常擅长运用身体的感觉、能量去感知。青少年的身体是敏感的,也是诚实的。他们的动作姿态、表情眼神、语音语调,都是"身体的低语",无不透露着他们真实的情绪状态、真实的生命力。这一种对身体感受、情绪能量的阅读、连接、共鸣,正是教练中的三种层次的聆听,在青少年教练中尤为重要。

支持孩子找到学习的动力

/ 何嘉洪

小船老师曾告诉我,最不可爱的孩子最需要爱。我也是带着这份相信,一直陪伴着孩子们成长。

在这里,我想要分享小田(化名)的故事。第一次见面时,他是一个腼腆的男孩,正在读八年级。当时,他的爸爸找到我,说自己完全没有办法和孩子沟通,希望通过教练来支持孩子的学习。前期我和小田的爸爸妈妈进行了详细的沟通,通过几次家庭聚餐,小田特别喜欢吃我做的烧烤,配合一起玩游戏,我才顺利地和小田建立了友谊。

通过了解,小田的情况非常不乐观。由于自小留守农村,没有英语学习资源,加上爷爷奶奶无法从学习和生活上管理叛逆的他,他八年级的考试总分仅有200分出头,距离职业高中的最低分数线还有一定的差距。这意味着在接下来的两年里,如果成绩没有有效提升的话,初中就是孩子学习的终点。

在小船老师的鼓励和支持下,我提出了"学习动力营"方案。

课程里我们给孩子做了三方面的工作：清理学习障碍、管理学习情绪、点燃人生梦想。小田也参与其中。在三天的学习和互动里，小田表现出惊人的敏锐力和判断力。这更让我们相信孩子的内在充满力量，只是没法专注，从而未能将其转化成自己的能力。在这个过程里，我几次捕捉到小田有个特点：眼神四处张望，每当遇到困难的时候，都会不自觉地向我投来目光。趁着送他回家的路上，我找到了契机。

我好奇地问小田："小田，我留意到你在今天的活动里本来是要专注于前方的，而你却一直看着侧方的我。直到我站在你面前，坚定而专注地看着你，你突然间眼神就坚定了，人也稳定了下来。"

小田说："嗯。"

我继续问他："当时你内心发生了什么？"

他小声回答说："我有点紧张和害怕。"

我接着问他："这种紧张和害怕的感觉是什么时候开始的？小时候就有吗？"

小田说："是的。"

我说："是一直都有，还是因为发生了印象深刻的事情？"

小田说："我小时候不听话，家里人打我，一打就是几个小时。"

我心里一颤："嗯，我明白了，所以你带着这份不安，通过观察四周来保护自己？"

小田若有所思，沉默了一会，点了点头。

我接着说:"你当时几岁?"

小田思考了一下,告诉我:"应该是在小学一二年级的时候。"

我幽默又不失关怀地问道:"我留意到你现在也有这种反应,原来你虽然长大了,比叔叔还高大,但内心里还是一年级的小田。"

小田笑了一下,仿佛有了一丝觉察。

我认真地告诉他:"原来只是小时候留下了印记,一直伴随着你到现在,现在你看到了,你还有那么害怕吗?"

在每次的教练过程里,我都会去拆解和击破小田内心很多限制自己的模式,尤其是自我否认和觉得什么都不可能。最后,他提了一个自己的想法,说想拥有一台电脑。

小田说:"嘉洪叔,我想让爸爸给我买台电脑。"

我心里暗自高兴,终于看到了曙光。我没有马上批判他,而是抓住机会问他:"叔叔家里就有一台闲置的,可以送给你,你觉得怎样可以让你爸爸同意?"

小田无奈地说:"成绩好呗,但是我觉得不可能,因为我英语不可能及格。"

我说道:"嗯,是挺难的,一步一步来。你每一科目前多少分?哪些科目比较有把握?我们一起商量,看看怎么把困难一个一个突破。你觉得怎么样?"

小田很兴奋地和我讨论了一番,最终以除了英语,其他科目及格为协议,开展了他的新的学习计划。过程中,小田的爸爸妈妈也积极配合工作,包括调整和孩子的沟通方式、周末进行有效的亲子陪伴等。

半年后的一天早上,我收到了小田的微信:"嘉洪叔,我拿到电脑了!"我心里很感动,因为我知道他通过自己的努力,拿到的不仅是电脑,而是对自己的一份肯定。

孩子们就像花园里的各种种子,总有一天会盛开成为灿烂的鲜花,只是每个孩子的花期不一样,我们需要做的只是相信和陪伴。

何嘉洪,MCF国际大成教练。他是一名非常擅长激发孩子学习动力的教练。从这个案例中我们看到,孩子的学习问题往往不是因为能力不足,而是生命力受到约束。当嘉洪教练运用自身的资源,真诚地看见并理解孩子,陪伴孩子面对那个紧张、害怕的自己,让孩子感受到被教练承托,并找到一个动力的支点,孩子就有了信心与方向,真正的改变就会发生。

我们一起成长

/ 梁丽思

几年前，小船老师推荐我去给一所高校的大学生讲授心理健康与个人成长的课程，为期半年。我需要给学校里英语系、社工系和护理系的一年级学生讲课。三个系的学生加起来浩浩荡荡共有一百多人。那时的我刚刚学习教练两年，实践经验不多，也很青涩。课堂从最初的一百多人，到最后只剩二十几人来听课。然而，我一直记得叶世夫老师说的一句话："哪怕只剩下一个学员，我也会用心对待。"也因为老师的这句话，我持续投入课堂，也因此造就了我和一些同学的独特缘分。佩轩（化名）便是其中一个。

佩轩给我的第一印象是一个瘦瘦小小、文静的女孩。只要不跟她的专业课冲突，她便会来参加我的课堂。有时候，她会在课后留下来请教我一些问题。几次交谈下来，我感受到这个小姑娘身上的一份灵气，也惊讶于她这个年纪竟有如此高的精神追求。于是，我成了她的人生成长教练，用一对一教练的方式陪伴了她几个月。在整个过程中，我们交流了很多：是什么让她选择了护理系、她如何面对家庭的一些矛盾等。然而每次谈话,我们最终都会回到"关系"这个议题:我与自己的关系、我与家人的关系、我与这个世界的关系。陪伴她探索成长的过程,也是我的自我成长之旅。我看到家庭矛盾背后她对家人深深的爱,选择护理专业背后的一份使命感。这颗炽热无瑕的心,让我感动,也让我敬畏。

  这几年,虽我们少有联系,但这份信任常在。佩轩偶尔会给我寄一些手写信,记录自己的变化和成长,每一封信我都珍藏至今。几个月前,我们在医院各自为家人开药时碰见。我听着她护士实习的经历,曾因病人的离去而陷入难以自拔的悲伤,再到开始真正进入护士的角色,面对与病人的关系。我问她:"你把病人当作什么?"她说:"朋友。"那一刻我很感动,因为她心里有人。不久,我收到她寄出的一张明信片,明信片上是她工作第一天的医院外景。得知她经历疫情的漫长等待,终于去到自己理想的医院工作,我十分欣喜,也为她高兴。有了热爱,工作便有了灵魂。佩轩也将自己在教练过程中的所得运用到自己的工作中,致力帮助更多的人。

  与佩轩的相遇,让我深深地相信,信任和爱是人成长的最大资源。这份信任和爱会跨越时空,滋养整个系统。

通过梁丽思教练与佩轩的故事,我看到了生命点燃生命的力量和一份传承的感动。佩轩将在教练中得到的智慧,融入自己的思维模式、专业精神,影响她的病人们,点亮更多有需要的人。这,也许就是青少年教练工作的价值与意义。

第 11 章
青少年们的成长自述

　　这一章，我特别邀请了几个我陪伴过多年的青少年朋友写下他们的成长体验，很高兴他们一口就答应了。看着他们的文字，我非常感动。感谢他们在自己最脆弱也是最美好的年华，对我、对青叶藤的信任，让我们可以陪伴他们度过青春期，慢慢成长为自己喜欢的样子。

| 青少年成长教练

妈妈是我最好的教练

/ 刘枢遥

我一直觉得,我拥有全世界最好的妈妈。

小时候的我特别内向,不愿交友还很霸道顽皮,可我妈妈一直以疼爱、欣赏的眼光看待我,鼓励我。人们总说棍棒底下出孝子,但很少有人知道相信和欣赏的力量能真正改变一个人。小时候,在身边的小朋友都踊跃参加各种活动比赛和兴趣班时,我还是那个一遇到陌生人就躲在妈妈身后的小女孩。我记得很多次妈妈的朋友都告诫她要培养小孩子的交友能力,而每一次妈妈都只是笑笑,告诉我觉得害怕就不用出来。这对幼小的我来说像是一根救命稻草,让我觉得自己即使不会交友、很孤僻,也是被允许的。正是妈妈给我的这份无条件相信和包容,让我在长大后一直对自己充满信心,在任何场合演讲都不会怯场,也交到了非常多的好朋友。

一直到现在,我和妈妈都无话不谈。读大学后我只有假期才有时间回家,我和妈妈经常彻夜长谈。很多朋友问我,妈妈是青少年教练会不会觉得有压力,毕竟自己的想法都被看透了。我的答案是从来都不会。相反，这是一件极爽的事。在我面对朋友的欺骗，觉得世界阴暗的时候，妈妈能用最快、最有效的方法带我看清问题，吸取经验，继续积极地生活；在我学习进入瓶颈时，妈妈能快速帮我分析干扰和专注点，让我轻松应考；在我青春期情感受挫的时候，妈妈一次也没有责怪过我，反而用最温柔的陪伴和耐心陪我走出低谷，让我一直爱自己，也对世界保持着热情和好奇。从小学到大学，我身边的很多好朋友都有我妈妈的联系方式，很多时候他们遇到了烦恼都想找我妈妈聊天。

除此之外，我妈妈教会我最重要的一件事就是对理想的追求。她在事业发展得很好的时候选择了辞职，去从事自己热爱且能帮助更多人的教练工作。在我面对未来的就业焦虑的时候，我妈妈从来没有用大众的眼光告诉我哪条路好走。在我高考完选择志愿的时候，她也没有强迫我去选择大家觉得就业发展好的专业。高考结束选择志愿是我记忆中很温馨、快乐的时光。我们一家三口趴在房间里，一起分析研究，一边"做梦"，一边哈哈大笑。我和他们说我很想试一试走当时身边人都不认同的一条路。从来都理智权衡利弊的爸爸当时对我说："你想做，我们永远在背后支持你，不要害怕失败，也永远不要失去尝试的勇气。"这么多年来，原生家庭的支持和温暖一直是我不断去挑战自己的动力。

但我想说的是，我的妈妈也从来不是一个完美的妈妈，在生活上她甚至是个有点糊涂、幼稚的人。她经常丢三落四，也会因为外人的言语而感到难过。我小时候妈妈曾经对我说,我要慢慢长大,她要保持年轻,这样我们就可以做姐妹。

真幸运,我能和妈妈一起长大。

刘枢遥,我的女儿,现读大学,我从她11岁时开始走进亲子教练领域,陪伴她走过了整个青春期。看到她越来越绽放的生命力,我深感成为教练型父母是完全有可能的,而且是轻松幸福和有力量的。2023年,她终于拿到了自己的梦想院校伦敦大学学院的教育学 offer。我感到无比欣慰。我用十年时间来从事青少年工作,她用十年时间来完成梦想!现在,她也通过系统学习教练,慢慢成为一名新一代青少年教练。

专注与热爱

/ 谬朱越

每天在复习备考工作结束后,我都会回顾一下复习内容,进行查漏补缺,说得专业一点,叫作"复盘"。有一天复盘结束后,我拿起手机,看到小船老师给我发了一条微信,让我谈谈被教练的一些感悟。于是,我静静地闭上眼睛,回想之前的那些被教练的经历。脑海里,一个又一个场景,一个又一个金句,不断浮现。在这其中,我觉得最有感触的就是关于专注的话题。

那次,我是抱着想要提高自己的学习效率的想法来进行教练的。小船老师先倾听我想表达的内容,不时地予以回应。那些回应中,有的启发了我的思考,有的直击痛点、一针见血。例如有一次,小船老师问我:"这些因素里,对你影响最大的是哪个?"我说:"最大的还是手机对我的干扰,让我没法专心下来。"小船老师接着问:"那你在生活中,什么时候是可以专心的?什么时候有过专注的感觉?"我说:"在骑自行车的时候。"小船老师问:"那你骑车的时候,是怎么做到专注的?"我说:"只看着自己正在骑行的那个车道,哪怕对面有来车，我只用眼睛的余光一瞥就好了，哪怕遇到很复杂的路况，我只要放慢速度，一点一点就过来了……"说到这里，我心里一惊，觉得专注的力量好强大，隐约知道接下来我该怎么做了。

接下来，我们又聊到如何把手机的干扰降至最低。如今每个人都离不开手机。适度看看手机，可以让我们得到放松。小船老师还特意强调，让自己运动起来也是一个提高效率的好办法。我想到自己热爱跑步，突然豁然开朗。

在那次教练之后，我每天都坚持运动。热爱可抵岁月漫长，专注具有强大的力量。目前，我已经持续运动将近100天了。在这期间，我也收获了很多好处：增强了体能、增强了抵抗力……这对于我来说，是2021年最好的礼物，一生都享用不尽！

很多人问我，热爱是什么。我觉得热爱是一步一步慢慢积累，进而产生的一种感觉，迈出第一步很重要。热爱，首先是经历，是经历之中的体验，是体验之后的丰富，是丰富之后的改变，是改变之后的成长，是成长之后的完善，是完善之后崭新自我的再出发。热爱，是心智的成熟，以及由此带来的自我富足。

我在青少年营里遇见缪朱越时，他才15岁。当时的他非常内向。之后的近十年我们一直保持联系。看到他不断地突破自己，最终读了教育学，逐渐实现自己的教师梦，我很是欣慰。

最长情的陪伴

/ 陈嘉琪

在初二之前,我和大部分孩子一样,每天早起早睡,按时做作业。父母虽然吵架但都深爱着我,我过着学校和家里两点一线的规律生活,期待着考上哪所高中,高考后考入哪所大学。

而在初二的某一天,我的家庭遭遇了重大变故。从父亲的离世开始,虽然老师和同学们都对我表示了极大的同情,我的第一反应也是用书本里读过的励志故事"勉励"自己继续向前,但这种悲痛对于当时的我来说还是太过于巨大。同时由于逆反心理,我不可避免地从心理上对学习和学校产生了巨大的抵触,导致我初三时和老师爆发了巨大的冲突,离开了学校。

在中考之后的那个漫长又磕磕绊绊的暑假里,我在苏州的青少年营中结识了小船老师。与她的相处和以往在学校和家庭的相处模式有很大的不同。她并不会像学校的老师一样总是秉持着传统的教育观念强制要求我该做什么、不该做什么,而是倾听我的诉说,陪伴我一起寻找我内心真正想要的东西。我对她保持着无比的信任,包括后来高中时每当我遇到困惑的时候,我总想第一时间向她寻求帮助。

在小船老师多年的陪伴中,我终于从年少时的创伤中走了出来。当时小船老师鼓励我找到自己的梦想,在很多人都不相信我的时候,她选择相信我,并在我一次次想放弃的时候为我点亮心中的灯。她曾经说过:"教练是为注定优秀的孩子做准备的,我坚信你一定会变得优秀。"她比我自己更相信我。在她一次次坚定的陪伴下,我挺过了最艰难的岁月,终于考上自己最心仪的学校和专业,走上了梦想之路。

我在 2014 年遇见嘉琪,当时的他正处于人生的低谷。他是很多人眼中难以对付的"问题少年",给我制造了很多难题。长达三年的陪伴,他的状态起起伏伏,我也曾有过放弃的念头,但他对我始终很信任。那年,我突然收到他的一条信息:"老师,我终于赢了!"接着,他发来了南京艺术学院的录取通知书,我感动得泪流满面。他让我明白,每个孩子都值得被相信!

沉淀下来的心灵成长力量

/ 何希哲

我在小船老师的陪伴下已经走过一段路程。从自我的挣扎到觉醒和转变,小船老师是我探索路上的教练、老师和陪伴者。她帮我积累了心理成长所必需的"锦囊妙计"。虽然距离最频繁的教练时期已过去两年,一些片段我已经忘记,但教练带来的改变已深入我的思维习惯。一次次教练,沉淀下来的,是更多的自我觉察、自我教练和自我关怀。

初三的时候,我和小船老师第一次相遇。这是我的第一次教练,我全身心地投入,感受每一个细节。教练后,我还认真地把过程和体会写下来,以邮件的方式发给了当时最亲密的朋友。我在青叶藤教练中心的教室里时快时慢地奔跑,感受自我的节奏;在德胜河旁进行解离练习,理清自己的真实想法;在沙发上促膝长谈,接受着陪伴带来的滋养……每次教练完成后,我就像是充满了电,接下来的生活又动力满满。我也参加过渗入了教练方法的"运动游戏学习营",学到了放松与专注的技巧和运动与学习相互促进的道理。

每次教练都是一次机会,或是让我从头脑的迷思中解脱出来,或是让我给自己多一些时间慢慢成长。渐渐地,我被困在情绪陷阱中的时间变短了,遇到挫折也会更理性地归因。在迷茫或低迷时,我也会通过书写的办法和自己沟通,进行自我教练。

"情绪急救箱"的装备不是一天能集齐的,摸清生命的意义也不是灵光闪现。小船老师在我找到自己想做的事情并付诸实践的路途上给我提供了很多支持和帮助。感谢一路走来有教练的陪伴。

希哲在初中时是一个很迷惘的女生。当时她父母通过网络找到了我,第一次见面我便感觉她特别聪明,也特别敏感,常常受困于人际关系,也容易受到周围环境的影响,曾不想上学。我给她做了几次教练后,她便常常自我教练,深入思考生命的意义。现在的她正勇敢地走在追求梦想的道路上,在芬兰读高中。

遇见青叶藤

/ 梁艺霖

关键事件是每个人在成长过程中必定经历的重要节点,如同天上的北极星,对航道方向起着重要的指引作用。积极的关键事件为个人发展注入强大的精神动力。在我成长道路的众多节点中,青叶藤发挥了非常重要的作用。从感性爆发到理性思考,青叶藤始终激励着我不断进步。

在遇见青叶藤之前,我是一个对生活感到迷茫的少年。我被负面情绪困扰了很久,自卑心理一直影响着我。尽管我在音乐特长方面取得了不少成就,但我依然过于低估自己的能力,在学校不合群,经常受到个别同学的骚扰,破坏了我对别人的信任,由此加剧了我的不安。有段时间,我甚至无法面对自身的心理压力,感觉学校生活没有多少希望。这一切都如同一片乌云,长时间笼罩在我的心田上空。

我第一次接触青叶藤的时候才 14 岁,那时我还对青叶藤没有什么特别的感受,只知道从小到大经常见面的小船老师创立了一间工作室,名字叫"青藤之家"。直到初三寒假亲身参与青叶藤的活动,我才真正体验到青叶藤带来的深远益处。在这里,有真诚且耐心的心理导师,有平等相处的伙伴。大家在导师的启发下,形成一个相互促进的学习共同体。在这个充满正能量的场域内,我感受到前所未有的能量。当时我还不知道 NLP 教练技术,只知道在青叶藤收获到的情绪管理策略以及认识世界的思维方式都非常独特,给人一种耳目一新的感觉。在了解青叶藤的过程中,我重新认识了自己。也不知道是受到什么影响,我逐渐自信起来,心结也突然解开了,如同乌云突然消散,见到好久没有见到的温暖阳光。后来我知道这种感觉叫"顿悟",在量变达到质变的那一刻,爆发出无与伦比的潜力。

  带着对青叶藤的这份觉察,我来到了大学。在接触到教育学与心理学后,我坚定了自己的人生目标——成为一名教师。虽然与青叶藤连接的机会少了,但是在阅读相关书籍和文章之后,我对 NLP 以及教练技术有了一些理性认识,发现教练技术是一门集合各种理论又非常实用的学科。如果教练技术在学校教育层面得到运用,不仅对学生有好处,同时也会让教师终身受益。然而目前由于各种因素,教练技术并没有被真正普及。这点燃了我的创新精神,教练技术在学校的应用已然成为我愿意追求的研究领域。

  非常感谢青叶藤能够引导我以全新的视角觉察这个世界,认识到情绪管理的重要性,学会与人沟通交流的技巧,发现并坚定自己的人生规划。在青叶藤学习到的一切,都是我成长道路上极为宝贵的财富。

艺霖在初中时参加了青叶藤的青少年营,是我们的第一批学员。后来每期他必来,还成了我的小客户,很认真地跟我探索他每个成长阶段的思考。他一直都是憨憨的,很正直,也心怀梦想。教育的种子从小种下了。2022年他终于成为华东师范大学教育系的一名研究生。

| 青少年成长教练

教练型思维走进了我的生命

/ 陈丹华

三年前，我正在读大二。当时我深入了解了大学所读的中文专业之后，开始对当初要考研的雄心壮志有所怀疑，对于未来的职业规划，也在梦想和现实之间不断挣扎着。

我向母亲倾诉了心中的烦恼之后，她便推荐我去找小船老师做教练，说或许对我走出困境有所帮助。我的母亲是小船老师的一个课程的学生。

第一次和小船老师交谈，是用电话的方式。因为要谈很深入的话题，我担心自己在别人面前哽咽或流泪，再加上对方又是一个素未谋面的陌生人，就没有选择面对面交谈。电话里，结束了刚开始的那些基本寒暄之后，我直入主题说出了自己的困惑："我很不喜欢现在这个专业，想到本科之后要继续读这个专业的研究生，我就会觉得很痛苦、没有动力，更别说是毕业之后一辈子都做这个方向的工作了。"

那个时候，小船老师就像剥洋葱一样地问问题，慢慢地引导我回答。在回答中我发现，原来我的焦虑来源于自己没有能力去改变现状，只能任由自己被现实宰割。再继续问下去，我又发现原来是因为自己觉得不仅没有学好这个不喜欢的专业，甚至连自己喜欢的事情也没有努力去做，所以每天都在埋怨自己却又不行动起来去改变的状态中无限循环。最后我惊喜地发现，表象是不喜欢自己的专业很苦恼，但本质其实是为没有行动起来去改变自己而苦恼。更让我惊喜的是，这是我通过引导自己慢慢发现的，而不是别人告诉我的。

这就是我第一次认识教练思维。在接触教练思维之前，我以为的教练，是像"算命"一样，给对方自己的生辰八字，就能得到答案；或是像塔罗牌一样，揭开一张卡牌，就可以知道想知道的事情的结果。接触之后，我才发现教练思维和我想象的大相径庭。教练是在他人的引导下，慢慢地顺藤摸瓜找到问题的本质并解决它。

几个月后，我又参加了青叶藤的青少年营。前一次教练只有两个小时，虽然已经有了很大的改变，但我感觉自己还有很多问题没有解开，便去参加了为期五天的青少年营。当时我最大的问题是在追寻自己热爱的事情时非常不自信。因为在很多人看来，我热爱的事情属于不务正业，可怕的是我也是这样看待自己的。我再次陷入挣扎：到底是为了迎合世俗的眼光去生活，还是为了自己而活？

从我报名青少年营开始，答案已经呼之欲出。我想为自己而活，只是这些标签把我捆绑住了，我需要在青少年营里找到一把

"剪刀"，把这些标签全部剪掉。果不其然，因为很信任青少年营，我在整个过程中都很勇于表达自己。在青少年营的小组讨论中，大家提出一个个个案，组员们一起以教练的思维去帮助个案当事人解决他们的问题。在大家都很安静不愿提出个案的时候，我决定把自己的问题说出来。以往的我是一个连上课举手回答问题都会发抖的人，但这次因为很迫切想解决内心的困惑，变得极其大胆。组员们一轮又一轮的发问，虽不如老师的专业，却给了我很多思考的新角度。短短五天，我不仅因为别人的肯定变得更加自信，还发现了自己与众不同的力量。

之后，我大学毕业了，选择了热爱的事业，虽然不稳定，不被看好，但是这条路我走得比以前都更有底气、更自信。从第一次和小船老师接触到现在还一直保持紧密的联系，我时常有自己解决不了的问题，都会去请教她。但更多时候，我会用教练型思维帮自己解决问题。遇到困难的时候，我会想象自己和小船老师在对话，想象她会问我什么问题，然后再从自己的角度去回答，不断地切换角色，直到到达问题的核心。我发现，这个方法能解决生活中90%的困惑。而且，养成了一遇到问题就去解决的习惯，让我更了解自己，内心也变得更有力量。

在小船老师身上，我除了学会了教练型思维，还学会了一件事情，那就是接纳自己。

在没有很深入了解小船老师之前，我认为她是完人一般的存在。她能帮助很多人解决烦恼，能用平等、友善的态度对待所有人……但是接触了之后我发现，其实她也是一个普通人，有情绪的高低起伏，有厌恶，有喜爱，也有害怕和恐惧。但是她从不会隐藏自己的短处，会在学习的过程中不断认识自己，坦然面对最真实的自己。

过去我总是对自己非常苛刻，但凡有一丝不好的念头就会批评自己不该这样。遇到厌烦的人时，只要有一点不耐烦的心情就会很有罪恶感。面对他人对自己的指责时，我会第一时间和他人一起责怪自己。和朋友在一起时，我不敢露出一点短处，害怕被人讨厌。从那以后，我开始接纳自己那些不好的地方。允许自己厌烦时的情绪表达，允许自己委屈时的放声大哭，允许自己的一些无伤大雅的坏习惯。人非圣贤，要有被人喜欢的自信，更应该有被人讨厌的勇气。

丹华是第一个通过网络自己购买我的教练服务的孩子，我当时很吃惊，一个大学生竟有这种意识。当时她考到一个自己并不喜欢的专业，很迷惘。我们就她的成长议题进行了多次深入的探讨，每次她都脑洞大开，自己找到了前行的方向，并且一直在践行。2022年春天，她终于去到日本的甜品学校，走上了自己的梦想之路。

| 青少年成长教练

你是我安全的港湾

/ 邱靖夏

　　那个暑假对我来说最开心的事是给"弟弟"补习。"弟弟"一家对我很好,"弟弟"的奶奶知道我喜欢吃苦瓜,所以每次只要我去,她一定准备好了苦瓜给我。他们还经常带我去外面吃饭、爬山、开卡丁车,一起给"弟弟"过生日。最重要的是,"弟弟"会认真听我说话。他让我感觉到一种久违的连接感。但暑假结束后,"弟弟"的妈妈很严肃地告诉我:"课先停了吧。"理由是我大四了,不想因为我给"弟弟"辅导功课而耽误我的学习。我当时很震惊,愣住了。因为不上课的话,跟"弟弟"的连接、跟他们一家的连接就要断了,所以我当时特别难过。

　　现在回想一下,为什么当时"弟弟"的离开会让我这么难过?除了他理解我,能给我我需要的反馈,或许是因为我相信他是我的"弟弟"。我是独生子,从小到大我多希望自己有个亲兄弟姐妹,很想体验一下有亲兄弟姐妹是种什么样的感觉。也可能是因为去年上半年我爸爸一直在外地工作,妈妈工作又特别忙,而我就一个人待在家里，很孤独。之前在加拿大的时候，就算很孤独也有室友，也可以去找对面的邻居玩。但回国了，竟然这么孤单。"弟弟"的突然离开对我产生了巨大冲击，我整整两个月处于低谷状态，每次出门，都感觉天空是灰色的。

后来，我心里实在难受，想到寻求小船老师的帮助。在这之前，我也跟小船老师聊过几次。她让我很有安全感，我可以把自己全身心地交给小船老师，不用顾忌任何事情，不用考虑什么话可以说，什么话不可以说。小船老师能够理解我，有个能理解自己的人特别不容易。这次找到小船老师，用微信视频见到她的一瞬间，我就觉得特别亲切。当我跟小船老师诉说我的困惑与不开心的时候，小船老师表示很理解我，这让我更有往下说的勇气和动力。小船老师没有立马给我一些具体的解决方法，而是让我一直诉说我的烦恼和焦虑。看着小船老师一次次的点头、一次次的笑容，听着小船老师一次次的理解和鼓励，我心里有了一些慰藉。虽然整个过程中，小船老师没有说很多话，但是聊完之后，我的焦虑和不安少了，心里踏实了。小船老师给予了我很多力量。

也是因为这一次对话，我开始慢慢平静下来，反问自己："弟弟"的离开为什么会影响我的生活这么久？他真的这么重要吗？不，他并没有这么重要。生活需要往前看，不用太在意某个人、某些事。那一瞬间我释然了。

我特别感谢小船老师，在我最无助时向我伸出双手，无条件地接纳了我所有的情绪,给我安全的空间,让我慢慢缓和过来;感恩我的父母,能够努力理解我、支持我;也感恩我自己,能勇敢地面对自己的脆弱,走出阴霾,迎来自己的阳光。

  靖夏,在加拿大读大学,2020年因疫情回国。回国后因为一份很深的"孤独感"主动联系上我。我为他做了几次教练,每次都是在他最低落的时候。在我眼中,他情感很丰富,个性独特、敏感,有非常多的天赋和才华,渴望与他人有连接。每次我只是静静地陪着他,听他表达,也相信他终能找到自己的力量。2021年年底,我在南昌第一次见到靖夏,他已经是个阳光、自信的大男孩了。

追光者

/ 杨　诺

　　我曾怪怨这个世界：为什么我们的悲欢，因各自的独立而失联？为什么我不是其他人，不是一个阳光开朗、家长和老师都喜欢的女孩？所有声音都在说，你不应该是这样的。在一个完整美满的大家庭长大、享有无数关爱与温暖的孩子，应该是像阳光一样快乐，而不是像我这样内向敏感又忧郁多情。很长一段时间里，我都在为自己不是他人希望我成为的样子而感到愧疚。我恨自己的慢热，讨厌自己对社交的恐惧，我甚至坚信自己就是一个错误，但从来不知道自己到底做错了什么。最痛苦的时候，我只能把所有委屈和愤怒都诉诸文字——写完的作业试卷、用不完的草稿本，背面就是我创造的属于自己的剧本。我把笔下的人物所处的世界命名为"伊甸园"。我在那个理想世界里，一点点书写我的渴求，再由理想世界中的"我"来实现。这是唯一让我快乐的方式。

　　一次很偶然的机会，我参加了一期青少年营，在仲夏季带着万分不情愿踏入马岗，见到了营地中对我盈盈而笑的小船老师和明慧老师。也就是从那时开始，我相信了"一眼万年"的说法。后来很多次我在日记中描述那天的场景，我都会用到一个词——救赎。遇见与光同尘的她们，就像跋山涉水遇见一轮月亮，以后天黑心伤，就问那天借一点月光。如春风点雨，润物无声，她们如水般包容着孩子们的一切，像光一样走进我的生命。我自是甘之如饴地做她们的追随者，走上被教练的旅途。在一次次的长谈里，我渐渐打开心结，学会欣赏和喜欢这个一直被否定的自己。"多愁善感是上天赐予你的礼物。"小船老师对我说的这句话，被我用最工整的字写在日记本的扉页上，并时刻牢记于心。是的，这就是我。正是因为这样，我才适合成为一个为爱而生的写作者。我不是为了取悦别人而活着，也无法让所有人都满意，但我至少想要喜欢这个不完美的感性的自己。

我发现，相信和爱自己的力量很强大，令我欣喜的改变悄然出现在我的生活中：我吸引了越来越多优秀的人成为我的朋友；分班以后常年在一百名左右徘徊的我成绩稳步上升至年级前十；过去没什么交集的任科老师们开始关注我并对我赞赏有加……最让我喜悦的是，我的文字得到了语文老师的赞赏，他鼓励我参加作文大赛。在他的悉心指导下，我的作品杀入决赛，斩获全国二等奖。

但成长的路至此仅仅是一个开始，步入新高三的我面临更大的挑战。根据自己的优势并参照父母、老师的意见，我放弃了高考，选择走外语保送。走保送，意味着我将获得长达6个月的假期，但同时，备考时间也会大大缩减。两个月的准备时间里，前所未有的压力和无数的不确定性还是其次，同校的竞争才是最让我喘不过气的。每天焦头烂额地刷各大高校的招生简章，曾经并肩奔跑的挚友都成了竞争对手。再一次，我恨自己的多愁善感，这或许不是恩赐，而是惩罚。如果我能没心没肺，一门心思向前该多好啊。

快崩溃的时候，我终于忍不住向小船老师求助。那些拉扯我的力量太强大了，我害怕再这样我就会和最初的梦想背道而驰。小船老师请她的老师为我写了一篇文章，我在学校里找了一个人少的地方，将那篇无比强大的文章念了一遍又一遍，直到焦躁的内心完全平静下来，我重新想起自己为什么要出发。

熬过了最煎熬的两个月，我最终以高分拿到了梦想院校之一的 offer。当时填报志愿的时候义无反顾地报了师范类院校，很多老师都问我为什么，我总是笑着说："你们就是答案。"都说教书是一场暗恋，费尽心思去爱一群人，最后只感动了自己。"不计辛勤一砚寒，桃熟流丹，李熟枝残，种花容易树人难。"但"幽谷飞香不一般，诗满人间，画满人间，英才济济笑开颜"的欣喜，也是教师这个职业独有的幸福。

在被小船老师和明慧老师教练的路上，除了学会相信和爱自己，我更是找到了自己的使命所在。这一路我遇到了很多对我影响非常大的老师们，一如伯牙遇钟子期，千里马遇伯乐，如果没有老师们的知遇之恩，我永远无法成为今天这个心怀梦想、一往无前的女孩。我希望拥有如此厚爱的自己也能站上三尺讲台,将这份爱传递给更多莘莘学子,奉献出毕生心血让教育事业千秋鼎盛。

追光者到最后,将会成为自己和他人的光。

杨诺从小学五年级与青叶藤结缘,成为青叶藤的小铁粉,参加了无数次青少年营。她一直全力追求自己的梦想,明慧老师和我在她不同的人生阶段陪着她走不容易的追光之路。2022 年,她终于以优异的成绩被北京师范大学英语系录取。

后　记

　　这本书我断断续续写了好几年，其中都是一些我在陪伴青少年成长过程中的工作手札。现在，很多我陪伴过的孩子都已经长大。与其说是我陪着他们长大，不如说是他们帮助我寻回了初心。

　　现在，当我回看我遇到过的这些孩子们，似乎又有很多新的理解。我们这一代父母大部分生于物资匮乏的年代，我们有很强的生存焦虑，读书、工作都是为了能活下来，或者是更好地活着。但我们的孩子属于网络一代，他们在精神层面与语言方式上跟我们差异极大。他们从网络中学习到我们不曾了解的知识；他们对精神层面有着强烈的追求；他们情绪敏感、触觉敏锐；他们渴望有人理解，渴望有精神上的共鸣；他们有一种前所未有的孤独感。

　　对于比他们年长几十岁的我，我知道我很难完全与他们同频，我甚至会有一份紧张感，怕自己跟不上他们情绪的深度、思维变化的速度。但庆幸的是，他们并不是很在意，反而因为我愿意去聆听他们、对他们感到好奇，而充满欣赏与感激。他们愿意向我打开他们的内心世界，和我成为朋友。我有幸陪他们在生命旅程中走过一段，见证一个个青春故事。

亲爱的孩子们，感恩曾经遇见你们。透过你们纯净的心灵，我看到了更广袤的世界，我的生命充满星光。

2023 年 3 月 21 日